Connaissance de l'Inconscient

Collection
dirigée par J.-B. Pontalis

SÉRIE : ŒUVRES DE SIGMUND FREUD
traductions nouvelles

SIGMUND FREUD

TROIS ESSAIS SUR LA THÉORIE SEXUELLE

Traduit de l'allemand par
Philippe Koeppel

Préface de Michel Gribinski

nrf

GALLIMARD

Titre original :

DREI ABHANDLUNGEN ZUR SEXUALTHEORIE (1905)
Indice bibliographique : 1905*d*

Préface

Drei Abhandlungen zur Sexualtheorie, *« la plus mémorable et la plus originale des contributions de Freud aux connaissances humaines » (avec* L'Interprétation des rêves; *le jugement est de James Strachey), a été publié en 1905. Seulement mille exemplaires brochés, c'est-à-dire peu onéreux, furent vendus en quatre ans, et quatre mille autres entre 1910 et 1920. Malgré cette diffusion restreinte, ce livre qui, à sa sortie, n'était pas d'un quart aussi gros qu'il l'est actuellement à cause des ajouts ultérieurs, rendit Freud « presque universellement impopulaire ». Il lui valut plus d'insultes et d'injures qu'aucun autre. On le trouva, raconte Jones, immoral et son auteur malfaisant et obscène; on cessa de saluer Freud dans la rue.*

Qu'avait-il écrit pour déclencher pareille tempête? Ou plutôt qu'avait-il décrit? En langage simple – la première édition est pratiquement libre de tout vocabulaire technique à part le mot « libido » présenté dès les premières lignes (la pulsion, Trieb, *est en allemand un mot du langage courant) –, en langage simple disions-nous, une brassée de propositions choquantes : la sexualité de l'adulte est de caractère infantile, et l'enfant est un pervers polymorphe. Orifices et surfaces, ce qui entre et ce qui sort, contenus et enveloppes, soi-même et autrui : l'enfant fait un usage sexuel de tout, et rien n'empêche d'appeler* amour *cet usage. L'amour le plus pur ouvre le monde des* déviations, *le plus pur baiser est contact entre deux muqueuses digestives.* Sexuelles *la succion du tiède liquide, la progression du contenu intestinal, qui sont autant d'équivalents de la masturbation. Car le petit enfant se masturbe, et deux fois plutôt qu'une, d'abord nourrisson, et, un peu plus tard, lorsque l'excitation sexuelle revient sous la forme d'une* zentral bedingter Kitzelreiz, *c'est-à-dire sous la forme de quelque chose d'origine centrale et qui est excitant comme un* Kitzel, *un chatouillement, ou une démangeaison (dont l'adjectif va de chatouilleux à graveleux, et qui donne son nom anatomique au clitoris,* Kitzler*).* Sexuels *les bercements et la jolie balançoire.* Sexuelle *et sans pitié l'étonnante cruauté du petit homme. Qu'ai-je oublié? Son goût du masochisme? Et qu'il est voyeur, et dépourvu de toute pudeur? Aucun plaisir ne l'assouvit, aucun ne l'arrête; il sera tour à tour cannibale, homosexuel et incestueux. N'importe quelle activité l'excite, bouger, parler,* penser, *tout lui est bon, le travail comme le sommeil, le jeu comme l'épouvante. « Il se peut, écrit Freud, que rien d'un peu important ne se passe dans l'organisme sans fournir sa contribution à l'excitation de la pulsion sexuelle. » Ce qui veut dire également, de façon à n'oublier de choquer aucun point de vue, que l'excitation sexuelle est un « effet marginal ». L'arrivée de l'excitation sexuelle comme épreuve d'un « corps étranger interne » dit par là son peu logique statut, et qu'elle est un corps étranger interne à la logique.*

Dans ce bref florilège, on voit se dessiner un autre motif du scandale; de quelque façon qu'on lise ce livre on sera accompagné par l'insistance d'une évidence : le but de la sexualité n'est pas la procréation. La sexualité humaine n'est au service que d'elle-même, elle échappe à l'ordre de la nature. Elle est pour ainsi dire contre nature.

Tout cela rend-il compte du déchaînement de 1905? Ce n'est pas sûr. D'une part, ce que Freud offre à la représentation, ou si on veut l'imagerie visuelle et sonore évoquée par ce récit de la sexualité – disons encore : l'obscène –, reste infiniment en deçà de ce que proposaient les catalogues d'étrangetés et d'horreurs de son époque. Or ni Krafft-Ebing, ni Havelock Ellis, ni d'autres également cités par Freud n'avaient soulevé les passions. D'autre part, à la surface des choses, Freud ne révèle rien dans ce livre que n'aient su de tout temps parents, nourrices et éducateurs; rien que ne dise Héroard, à qui Henri IV confia la charge de médecin du Dauphin, tout au long de son Journal : *« En tétant, il gratte sa marchandise, droite et dure comme du bois* [1]*. » Rien que n'aient su et dit les écrivains. Rousseau, qui appelle M*[me] *de Warens « maman », connaît son goût de la fessée et l'origine de ce goût. Stendhal consacre une part de son journal intime à constater cette énigme : parler l'excite. Faust réclame une jarretière de sa bien-aimée. Et quand Shakespeare fait dire à Othello que jamais il ne cédera à autrui la plus petite parcelle de celle qu'il aime, dit-il autre chose que : l'amour a rendu sexuelle la plus petite parcelle du corps même d'Othello? On pourrait rassembler les pièces du procès paradoxal qu'on fera toujours à Freud pour montrer qu'il n'a rien inventé.*

Il y a donc une autre raison à la virulence de l'accueil fait aux Trois essais, *et c'est une clef de lecture pour*

1. « Extraits du Journal d'Héroard », L'enfant, *Nouvelle revue de psychanalyse,* n° 19, Gallimard, 1979.

l'ouvrage : le livre est tout entier porté par une détermination, celle d'attaquer pour l'annuler le savoir antérieur le plus généralement répandu. La violence du scandale en témoigne, Freud a « bien » été lu, la fureur qu'il soulève le dit, elle est à la mesure de sa volonté de ruiner sans concession un faux savoir obscurantiste. Avec ce livre, à quarante-neuf ans, après plus de vingt ans de recherches, un bourgeois, père de famille nombreuse et plutôt désargenté, risque l'estime de quelques maîtres chers, sa respectabilité, sa carrière, sa vie sociale et sa clientèle, et ses amitiés, et dit à la science (biologique), à la morale (religieuse) et à l'« opinion populaire » qu'elles se trompent. Et que lui prétend, avec les Trois essais, *non pas tant redresser l'erreur que la casser – et rompre. Il dit du même coup aux lois « naturelles » et religieuses leur peu d'importance au regard de la vérité, et qu'elles se masquent les choses pour apaiser des convenances sociales autant qu'individuelles. Et qu'en ce domaine leur avance sur la* populäre Meinung, *l'opinion populaire, est nulle. Si le livre est à ce point dépourvu de termes techniques, c'était aussi pour des raisons d'efficacité polémique.*

La remarquable lecture des Trois essais *que fait Jean Laplanche dans* Vie et mort en psychanalyse *souligne vivement cette ordonnance polémique, et d'abord le caractère* lapidaire *de la description, par Freud, dès la première page, de cette « opinion populaire » qui ne sait pas voir la réalité et dont les propos « regorgent d'erreurs, d'inexactitudes et de présupposés hâtifs »; qui ne connaît l'« instinct » sexuel qu'à partir du moment physiologique de la puberté, comme réponse à un besoin naturel dont l'objet unique serait l'autre sexe, et le but, l'union. Freud entend détruire les « représentations tout à fait arrêtées ». Il entend détruire : l'instinct par les aberrations sexuelles, ramenées dans la nature de la sexualité humaine – premier essai. Détruire « la » sexualité par sa genèse – deuxième essai. Détruire la découverte de l'objet après la puberté par l'exposé que cette trouvaille n'est qu'une retrouvaille, et qu'il n'y a de retrouvaille que d'autre chose – troisième essai. L'instinct, là, ne peut être que* mimé [1].

Aux trois essais respectivement intitulés : « Les aberrations sexuelles », « La sexualité infantile », « Les remaniements de la puberté », Laplanche superpose trois ordonnances. L'une est donc polémique, l'autre heuristique : suivre la genèse de la découverte psychanalytique elle-même; la troisième, génétique : suivre l'apparition de la sexualité chez l'individu humain.

Un fil traverse ces ordonnances en même temps que chacun des essais, *celui des conséquences de la pulsion sexuelle pour la vie de l'esprit : en établissant un contact entre la pulsion sexuelle et la réalité psychique, Freud met au jour une réalité qui ne cessera plus d'apparaître* inouïe.

*

Le temps a passé, et la tempête aussi. Pourtant le lecteur, profane ou pas, reconnaîtra que ce livre reste, à l'instar de ce dont il est le récit, extraordinairement libre, et offensant pour l'esthétique, l'éthique, la logique. Ou bien n'y aurait-il plus que les psychanalystes pour s'en aviser, lecture après lecture?

Est-ce de ma part un présupposé hâtif? Il me semble que ni le biologisme de nos conceptions savantes, ni nos croyances n'ont, dans leur fond vivant, vraiment varié. L'opinion populaire, elle, s'est modifiée du tout au tout jusqu'à retrou-

1. Jean Laplanche, *Vie et mort en psychanalyse*, Flammarion, 1970.

ver l'ordre social : on dit à présent qu'il faut *avoir une sexualité accomplie pour se bien porter. Qu'est devenu le scandale ? Il n'est même pas sûr qu'il se soit transformé en débat. La sexualité n'appelle plus le débat depuis longtemps, et la vie de l'esprit qui les appelle tous, les mène plutôt qu'elle ne s'y risque. N'essayons pas de répondre trop vite, toute réponse, là, est précipitée. Mais observons que le contact offensant établi par Freud entre sexualité et vie de l'esprit a suivi le destin des rencontres amoureuses : il est devenu conservateur une fois l'étincelle allumée, et un sanctuaire pour la nouveauté, comme une liaison installe entre deux êtres, en même temps que la maîtrise du feu, la perspective de son extinction.*

Et ainsi le scandale qu'elle comportait est-il vite rendu à son état antérieur, à son état de skandalon, *d'obstacle qui fait trébucher, de piège.*

La traduction française jusqu'à présent disponible était de Blanche Reverchon-Jouve, et datait de 1923. Son titre, Trois essais sur la théorie de la sexualité, *préférait la liaison à la rencontre – mais le problème à quinze ans de la sortie du livre et du vivant de Freud ne se posait sans doute pas de la même manière qu'aujourd'hui où nous pensons que l'annonce d'une gestion possible de la sexualité par la théorie est une résistance à la découverte freudienne et comme son* éducation. *Mais la théorie psychanalytique ne peut être une éducation, la pulsion est inéducable pour – sinon par – la pensée. La théorie* est *sexuelle. Elle l'est, comme on dirait d'une critique qu'elle est théâtrale parce qu'elle se ferait sur scène, ou musicale en musique. En rétablissant l'indécent contact entre* Sexual *et* theorie, *on a choisi par là même de respecter l'identité des mots de ce titre et de ceux de l'article sur les* infantile Sexualtheorien

(1908). Ce choix est l'affirmation de concordances bien profondes : à la façon dont l'enfant construit ses propres théories sexuelles pour tenter de répondre aux questions que lui pose son origine, les Trois essais sur la théorie sexuelle, *puisque tel est le titre sous lequel paraît cette nouvelle traduction, parcourent une énigme aussi loin qu'il est possible et en tous sens.*

« Lorsque l'enfant paraît – et il n'en finit pas de paraître *», souligne J.-B. Pontalis, chacun a son mot à dire, d'où des débats passionnés, sans cesse repris pour la raison que l'enfant, comme par position, empêcherait qu'on ait sur lui le dernier mot* [1]. *Ce ne serait pas avoir le dernier mot que de mettre l'accent sur l'ambiguïté du* paraître. *En tout cas, ici, l'enfant apparaît et est une apparence, il est présent et c'est un leurre. Quel est l'enfant des* Trois essais*? L'enfant théoricien, l'aventurier de la pensée, le Maître de l'énigme? Attention, après avoir pris la mesure de sa pureté prétendue, à ne pas fabriquer à l'enfant un statut souverain, à ne pas faire de lui le héros malchanceux de la tragédie théorique. Il n'est plus roi ou héros que dans les contes de la surestimation, et parfois dans le cœur mal endeuillé de l'homme. L'enfant n'est pas l'oracle des origines, mais un chercheur trompé, toujours égaré par l'énigme qui lui ôte jusqu'à la direction de sa recherche; la théorie sexuelle, la sienne non moins que celle des* Trois essais, *fait connaître que la pensée qui explore et va en avant, notre pensée, peut nous tromper pour d'assez bas motifs : elle aussi est sexuelle, et avant d'établir une liaison, elle rencontre, palpe, touche, frôle, effleure, entre en* Berhürung, *en contact. Et alors*

1. J.-B. Pontalis, « La chambre des enfants » (titre en hommage au récit de Louis-René des Forêts), *L'enfant, N.R.P.*, n° 19, Gallimard, printemps 1979.

parfois se fige, ou se détourne. Il reste pourtant que c'est bien de l'enfant que parle Freud, et pas seulement de l'infantile, ces fragments archéologiques que les transferts actualisent dans la cure, échos non d'un savoir archaïque mais de ses avatars.

Freud parle de ce que *dit* l'enfant, comme, par exemple, cette parole d'un garçon de trois ans venue du fond d'une chambre obscure : « Du moment que quelqu'un parle, il fait clair », à laquelle Freud doit « l'explication de l'origine de l'angoisse infantile »; mais aussi de ce qu'il *fait*, de son *comportement*; et des rencontres entre ce qu'il dit et ce qu'il fait, les *Sexualäußerungen*, les expressions sexuelles, qui peuvent être, selon le sens de *Äußerung*, soit des propos, soit des manifestations (« Une étude approfondie des expressions sexuelles durant l'enfance aurait probablement pour effet de nous dévoiler les traits essentiels de la pulsion sexuelle » : rien de moins!). Et Freud parle aussi des années d'enfance, avec un souci de la datation objective : dans telle édition, telle période allait de l'âge de trois ans à celui de cinq ans, dans la suivante, révisée, de *deux* à cinq ans. On aurait vraiment mauvaise grâce à soutenir qu'il ne s'intéresse qu'à l'infantile; mais aussi à ne pas voir que son élaboration ne concerne *que* l'infantile : croire que l'enfant est l'objet de Freud ou celui de la psychanalyse serait un contresens absolu. L'enfant est le *mythe théorique* de l'infantile, et Freud le traite dans les *Trois essais* comme plus tard il traitera le « sauvage » ou l'*Urvater*, le père de la horde primitive : comme provocateurs de la théorie.

La pratique amoureuse de l'enfant est vouée à l'échec. En quoi, et à quoi cela provoque-t-il la théorie? Possédant toutes les fonctions sexuelles psychiques, l'enfant ne connaît des fonctions sexuelles somatiques que celles des plaisirs préliminaires. Du coup la pointe de sa recherche est émoussée : elle ouvre à proprement parler sur des aberrations. Encore faut-il entendre qu'Abirrung n'a pas le sens normatif, ni, secondairement, réprobateur qu'aberration a en français, et qu'il porte l'errance, la perte du chemin, la désorientation. Irre, c'est la perplexité, et la première allée théorique de l'enfant occupé par Freud (les deuxième et troisième essais) est une exploration de la route qui a égaré (le premier essai), seul chemin autorisé par des contenus psychiques perplexes et énigmatiques.

L'énigme, à laquelle Lacan donnera sa formule la plus simple en disant qu'« entre l'homme et la femme ça ne marche pas », à laquelle l'enfant s'affronte sans jamais pouvoir la résoudre parce qu'il est aspiré par la recherche de ce qui a marché, était au début de l'intérêt scientifique pour la sexualité, exposée comme en une vitrine une collection pour amateur de curiosités. Cette collection d'anomalies, cette exposition de monstruosités, seul comptait peut-être qu'elle fût complète, car la pièce éventuellement manquante pouvait faire perdre à l'ensemble sa valeur d'extranéité. Qu'une seule aberration soit introuvable et plus aucune ne pouvait à coup sûr être tenue et maintenue comme l'étrangère à soi.

Freud nommera et ramènera au-dedans l'objet énigmatique : la pulsion, qui est inconnaissable sinon par ses représentants et ses représentations. La pulsion c'est le piège qui fait tomber, le trébuchet, le skandalon, elle est comme une catastrophe entre deux états qu'elle sépare et réunit, qu'elle ne séparera pas complètement, qu'elle n'unifiera pas non plus : c'est un concept-frontière, un concept-contact entre l'âme et le corps, la vie de l'esprit et la sexualité, la réalité psychique et la biologique, einer der Begriffe der Abgrenzung, un des concepts de délimitation ou de démarcation, le mot Abgrenzung a les deux sens. Elle trompe l'enfant *chercheur, mais ouvre pour toujours la théorie qui a réussi à la nommer sans cesser d'être menée par elle. Et, parce qu'elle est à la fois concept-contact et séparateur, la pulsion permet de* penser *la liaison, l'amoureuse comme la théorique, dans sa perplexité.*

Une théorie qui est sexuelle de nommer ce qui la fait courir : le texte de Freud est un théâtre de la conjonction de ce qui dit avec ce qui est dit, et la théorie du baiser, par exemple, s'expose dans une « langue des baisers ». Ainsi, à propos du contact entre les muqueuses buccales, qui n'appartiennent pas à l'appareil génital mais forment l'entrée du tube digestif, Freud souligne la très haute valeur que lui donnent, sous le nom de baiser, même les peuples les plus hautement civilisés [1]. *C'est là un fait qui, dit-il, permet de rattacher perversion et vie sexuelle normale.* Anknüpfen, *rattacher, est le mot de la liaison théorique;* knüpfen *veut dire nouer, lier. Mais en ce que* anknüpfen *se dit aussi, dans l'usage langagier, du début d'une amitié amoureuse entre deux personnes pour signifier que cela marche pour elles, il est l'écho, dans l'évidence du langage de la théorie, de ce qui était contact ou attouchement entre les muqueuses et est ainsi devenu liaison entre les pensées conceptuelles; et le signe que la pulsion embrasse la théorisation même.*

1. Voir plus bas, p. 57-58. Blanche Reverchon-Jouve fit subir à ce passage une légère toilette, en qualifiant le mot baiser d'« ordinaire », et les peuples évolués qui le prisaient cessèrent d'être sous sa plume « les plus hautement » civilisés.

*

Cette nouvelle traduction est fidèle, et sa langue belle et forte. Elle tient compte de la situation des mots dans le langage, et dans le corpus freudien; et elle prend des décisions (voir par exemple la note qui commente la traduction de Haftbarkeit, *anciennement « persévération », par « adhérence »). Les mots n'y sont pas des fétiches.*

Une traduction faible, on s'y tient ou on la quitte. Paradoxe indécent : une traduction de la qualité de celle-ci encourage à des comparaisons avec le texte allemand, et c'est un bienfait. Non que les mots étrangers porteraient plus d'évidence que les mots traduits, mais le va-et-vient *entre les deux langues permet de mieux voir dans la sienne propre ce qui y était déjà et ce qui y fera toujours défaut. La traduction de Philippe Koeppel n'empêche pas ce mouvement, et même le relance. Elle se tient très près de l'enfant chercheur, lorsque cherchant la raison d'amour, il est renvoyé à des mots déjà-là – ou jamais là –, comme des corps étrangers intimes. Elle se tient fort près également de Freud théoricien. En effet, Freud est lui-même son propre traducteur en va-et-vient quand c'est à l'intérieur de la langue que le sens circule entre des pôles aussi voisins qu'opposés : telle est la « langue du plaisir », qui lui fait noter dès l'édition de 1905 que l'usage allemand du mot* Lust *fait écho au rôle du* Lust *dans la théorie des plaisirs préliminaires, c'est-à-dire à la fois à la satisfaction et à la tension déplaisante.* Lust, *avec son double sens, désigne la sensation de la tension sexuelle* (Ich habe Lust, *rappelle Freud, veut dire : j'ai envie, je ressens l'urgence), mais aussi la sensation inverse, celle qui annonce la détente. Le désir et le plaisir.*

Il s'agit bien d'une théorie sexuelle *qui porte l'excitation, la tension, le contact, la rencontre surprenante, le plaisir, l'insatisfaction et l'échec, et l'*Abirrung, *la désorientation, qui porte jusque dans son langage ce qui fait l'urgence de la vie.*

Michel Gribinski

Note liminaire

Éditions allemandes :

1905 *Drei Abhandlungen zur Sexualtheorie,* Vienne et Leipzig, Deuticke, II + 83 pages.
1910 2e édition, augmentée, *ibidem,* III + 87 pages.
1915 3e édition, augmentée, *ibidem,* VI + 101 pages.
1920 4e édition, augmentée, *ibidem,* VIII + 104 pages.
1922 5e édition, même texte, *ibidem,* VIII + 104 pages.
1924 *Gesammelte Schriften,* édition augmentée, Vienne, tome V, p. 3-119.
1925 6e édition, même texte, Vienne et Leipzig, Deuticke, 120 pages.
1942 *Gesammelte Werke,* même texte, Londres, tome V, p. 29-145.
1982 *Studienausgabe,* même texte, Francfort, S. Fischer Verlag, tome V, p. 37-145.

Traduction française :

1923 *Trois essais sur la théorie de la sexualité,* traduit de l'allemand par Blanche Reverchon-Jouve, Paris, Gallimard, coll. Les Essais, 224 p.
1962 Traduction revue par J. Laplanche et J.-B. Pontalis, *ibidem,* coll. Idées.

Traduction anglaise :

1949 *Three Essays on the Theory of Sexuality,* traduit de l'allemand par James Strachey, Londres, Hogarth Press, The Standard Edition of the Complete Psychological Works of Sigmund Freud, tome VII.

De tous ses ouvrages, les *Trois essais...* est celui que Freud a le plus remanié à l'occasion de ses successives réimpressions. Seule *L'interprétation des rêves* a peut-être subi autant de retouches. Freud a toujours tenu à mettre son livre à jour en y intégrant les apports nouveaux de ses recherches.

Ces interventions se traduisent tantôt par des formulations nouvelles, tantôt par des compléments introduits dans le texte ou, très souvent, dans les notes. Elles portent en particulier (dans le second essai) sur les théories sexuelles des enfants et l'organisation prégénitale de la libido, dans des sections qui n'apparaissent qu'à partir de 1915, soit dix ans après la première publication. C'est aussi à cette année que remonte (dans le troisième essai) la section relative à la théorie de la libido.

Notre traduction se fonde sur le texte de la sixième édition des *Trois essais...* (1925), la dernière qui ait paru du vivant de Freud. Nous signalons les différents ajouts et changements apparus au cours des réimpressions. Chaque fois nous indiquons aussi leurs dates.

Dans toutes les éditions parues du temps de Freud, les sections qui constituent chaque essai ne sont numérotées que dans le premier de ceux-ci. Avant 1924, cette numérotation s'arrête même au milieu du premier essai. Pour faciliter les recherches et les renvois, nous avons également pourvu de numéros les sections du second et du troisième essai.

Le titre, enfin, a été modifié : *Trois essais sur la théorie sexuelle* au lieu de *Trois essais sur la théorie de la sexualité.* C'est, en effet, le même mot *Sexualtheorie* que Freud utilise quand il traite des « théories » qu'élaborent les enfants pour résoudre les énigmes de la conception et de la naissance ou de la différence des sexes et quand il énonce ses propres vues. Par ce double emploi d'un même mot, Freud fait comme s'il se refusait à établir une hiérarchie, au nom du savoir, entre les théorisations. C'est peut-être aussi une manière d'indiquer que la « pulsion de savoir » trouve sa source dans la sexualité.

TROIS ESSAIS
SUR LA THÉORIE SEXUELLE

PRÉFACE À LA SECONDE ÉDITION [a]
[1910]

L'auteur, qui ne se fait pas d'illusions quant aux lacunes et aux obscurités de ce petit écrit, a pourtant résisté à la tentation d'y insérer les résultats des recherches des cinq dernières années et de détruire, ce faisant, son caractère documentaire homogène. Il reproduit, par conséquent, le texte original avec de minimes modifications et se contente d'y adjoindre quelques notes qui se distinguent des annotations plus anciennes par l'astérisque qui les précède [b]. Au demeurant, son plus ardent désir est que ce livre passe de mode rapidement à mesure que les nouveautés qu'il apporta jadis auront été universellement admises et que les insuffisances qu'il comporte auront été compensées par une plus grande justesse.

Vienne, décembre 1909.

N.B. : Les numéros en marge sont ceux des pages des *Gesammelte Werke,* tome XIV.

Les notes appelées par des chiffres sont de Freud. Celles appelées par des lettres sont des notes de traduction ou d'édition.

Les textes entre crochets dans les notes appelées par des chiffres ne sont pas de Freud.

a. Cette préface a été supprimée à partir de l'édition de 1920.

b. Cette distinction disparaît dans les éditions ultérieures.

29
PRÉFACE À LA TROISIÈME ÉDITION [1915]

Après avoir observé pendant une décennie l'effet de ce livre et l'accueil qui lui a été réservé, j'aimerais doter sa troisième édition de quelques remarques préliminaires, dirigées contre les malentendus qu'il suscite et les attentes qu'il ne saurait satisfaire. Qu'il soit ainsi avant tout mis en relief que le développement qui va suivre procède tout du long de l'expérience médicale quotidienne que les résultats de l'investigation psychanalytique doivent approfondir et rendre scientifiquement significative. Les *Trois essais sur la théorie sexuelle* ne peuvent rien contenir d'autre que ce que la psychanalyse oblige à admettre ou permet de constater. Il est exclu, de ce fait, qu'ils se soient jamais prêtés à ce qu'on les étende à une « théorie sexuelle » et il est compréhensible qu'ils ne prennent nullement position sur certains problèmes importants de la vie sexuelle. Qu'on ne croie pas pour autant que ces chapitres oubliés du grand thème soient restés ignorés par l'auteur ou que, considérés comme secondaires, ils aient été négligés par lui.

La dépendance de cet écrit vis-à-vis des expériences psychanalytiques qui ont entraîné sa conception ne se révèle pas seulement dans le choix, mais également dans l'agencement du matériel. Partout, une certaine hiérarchie est respectée, les facteurs accidentels sont mis en avant, les facteurs dispositionnels [a] sont laissés à l'arrière-plan, et le développement ontogénétique est pris en compte avant le développement phylogénétique. L'accidentel joue en effet le rôle principal dans l'analyse, celle-ci en vient presque entièrement à bout ; le dispositionnel transparaît seulement derrière lui comme quelque chose qui est réveillé par le vécu, mais dont l'évaluation conduit loin au-delà du domaine de travail de la psychanalyse.

Un rapport analogue gouverne la relation entre onto- et phylogenèse. L'ontogenèse peut être considérée comme une répétition de la phylogenèse, pour autant que celle-ci n'est pas modifiée par un vécu plus récent. La pré-
disposition phylogénétique se fait remarquer derrière le 30
processus ontogénétique. Mais la disposition est au fond justement le précipité d'un vécu antérieur de l'espèce, auquel s'ajoute, en tant que somme des facteurs accidentels, le vécu plus récent de l'individu.

En plus de la dépendance générale de mon travail à l'égard de la recherche psychanalytique, il me faut souligner, parmi ses caractéristiques, son indépendance délibérée vis-à-vis de la recherche biologique. J'ai soigneusement évité d'introduire, dans cette étude de la fonction sexuelle de l'homme que la technique de la psychanalyse nous permet d'entreprendre, des présomptions scientifiques provenant de la biologie sexuelle générale ou relative à des espèces animales particulières. En fait, mon

a. « *Dispositionnellen Momente* », plus loin : « *Das Dispositionnelle.* » Freud introduit ici, sur le modèle de « konstitutionnel », un terme qui ne figure pas dans le lexique, ce qui, en dépit de la moins grande souplesse de la langue française à cet égard, nous a encouragé à risquer ici ce néologisme. Voir également la Récapitulation, p. 192, où le terme est repris dans un sens plus large que celui de disposition innée.

but était de m'informer de ce qu'on pouvait découvrir sur la vie sexuelle humaine avec les moyens de l'exploration psychologique; j'étais en droit d'indiquer des connexions et des concordances qui s'étaient révélées au cours de cette investigation, mais je n'avais aucune raison de me laisser déconcerter lorsque, sur certains points importants, la méthode psychanalytique conduisait à des perspectives et à des résultats qui s'écartaient considérablement de ceux qui se fondaient simplement sur la biologie.

J'ai intercalé dans cette troisième édition de nombreuses remarques, mais j'ai renoncé à les signaler au moyen de signes particuliers comme dans la précédente édition. – Le travail scientifique dans notre domaine a actuellement ralenti sa progression; néanmoins, certaines additions à cet écrit étaient inévitables si l'on voulait qu'il reste en harmonie avec la littérature psychanalytique plus récente [1].

Vienne, octobre 1914.

1. Après la deuxième édition (1910), une traduction anglaise d'A.A. Brill a été publiée la même année à New York et une traduction russe de N. Ossipov est parue en 1911 à Moscou. [Cette note ne figure que dans l'édition de 1915.]

PRÉFACE À LA QUATRIÈME ÉDITION

[1920]

Maintenant que les flots dévastateurs de la guerre se sont retirés, on peut constater avec satisfaction que, dans le monde, l'intérêt pour la recherche psychanalytique est demeuré intact. Pourtant, tous les points de la théorie n'ont pas connu le même destin. Les élaborations et les découvertes purement psychologiques de la psychanalyse sur l'inconscient, le refoulement, le conflit qui entraîne la maladie, le gain que celle-ci procure, les mécanismes de la formation de symptômes, etc., jouissent d'une reconnaissance croissante et retiennent même l'attention de certains opposants de principe. La partie de la théorie qui est à la frontière de la biologie, et dont les fondements sont exposés dans ce petit écrit, continue de soulever une opposition aussi intense, et a même amené certaines personnes, qui s'étaient activement intéressées à la psychanalyse pendant un temps, à l'abandonner et à adopter de nouvelles conceptions qui devaient restreindre à nouveau le rôle du facteur sexuel dans la vie psychique normale et pathologique.

Malgré cela, je ne peux me résoudre à admettre que cette partie de la théorie psychanalytique puisse s'éloigner beaucoup plus que l'autre de la réalité à découvrir. Mes

souvenirs et des vérifications constantes m'assurent qu'elle procède d'une observation tout aussi minutieuse et impartiale, et l'explication de cette dissociation dans la reconnaissance publique ne fait aucune difficulté. Précisons d'abord que seuls sont en situation de confirmer les descriptions des débuts de la vie sexuelle humaine proposées dans cet ouvrage les chercheurs qui ont assez de patience et de savoir-faire technique pour pousser l'analyse jusque dans les premières années d'enfance du patient. Souvent aussi, il est impossible de procéder de la sorte, dans la mesure où la démarche médicale exige un traitement en apparence plus rapide du cas morbide. Mais personne, en dehors des médecins qui pratiquent la psychanalyse, n'a la moindre occasion d'accéder à ce domaine, ni la possibilité de se former un jugement qui échappe à l'influence de ses propres aversions et de ses
32 préjugés. Si les hommes savaient tirer la leçon de l'observation directe des enfants, il n'aurait pas été utile d'écrire ces trois essais.

Mais il faut aussi se rappeler que certains aspects de cet écrit, la mise en relief de l'importance de la vie sexuelle dans toutes les réalisations humaines et la tentative qui y est faite d'élargir le concept de sexualité, ont, de tout temps, fourni les plus puissants motifs de la résistance contre la psychanalyse. Dans leur soif de formules retentissantes, les gens sont allés jusqu'à parler du « pansexualisme » de la psychanalyse et à lui adresser le reproche absurde de « tout » expliquer à partir de la sexualité. Nous pourrions nous en étonner, pour peu que nous oubliions nous-mêmes l'effet des facteurs affectifs qui nous troublent et nous rendent oublieux. Car il y a longtemps déjà que le philosophe Arthur Schopenhauer a fait voir aux hommes dans quelle mesure leurs activités et leurs aspirations étaient déterminées par des tendances sexuelles – au sens habituel du mot –, et une infinité de lecteurs devraient tout de même avoir été incapables de chasser aussi radicalement de leurs esprits une proposition aussi saisissante! Mais, pour ce qui concerne l'« extension » du concept de sexualité nécessitée par l'analyse des enfants et de ce qu'on appelle des pervers, qu'il nous soit permis de rappeler à tous ceux qui, de leur hauteur, jettent un regard dédaigneux sur la psychanalyse, combien la sexualité élargie de la psychanalyse se rapproche de l'*Eros* du divin Platon (cf. Nachmansohn, 1915).

Vienne, mai 1920.

I

LES ABERRATIONS SEXUELLES [1]

1. Les données contenues dans le premier essai sont tirées des publications bien connues de von Krafft-Ebing, Moll, Moebius, Havelock Ellis, von Schrenck-Notzing, Löwenfeld, Eulenburg, I. Bloch, M. Hirschfeld, ainsi que des travaux publiés dans le *Jahrbuch für sexuelle Zwischenstufen*, édité par ce dernier. Comme on trouve également dans ces écrits la bibliographie du reste de la littérature consacrée à ce thème, j'ai pu me dispenser de fournir des références détaillées. – [*Ajouté en 1910* :] Les notions acquises grâce à l'investigation psychanalytique des invertis s'appuient sur les communications de I. Sadger et sur mon expérience personnelle.

En biologie, on rend compte de l'existence de besoins 33
sexuels chez l'homme et chez l'animal au moyen de l'hypothèse d'une « pulsion sexuelle ». On suit en cela l'analogie avec la pulsion d'alimentation, la faim. Il manque au langage populaire une désignation équivalente au mot « faim »; la science emploie à cet effet le terme de « *libido* [1] ».

L'opinion populaire se forme des représentations tout à fait arrêtées sur la nature et sur les propriétés de cette pulsion sexuelle. Celle-ci serait absente durant l'enfance, s'installerait à l'époque de la puberté en liaison avec le processus de maturation, se manifesterait dans les phénomènes d'attraction irrésistible exercés par un sexe sur l'autre, et son but serait l'union sexuelle ou au moins des pratiques qui soient situées sur la voie qui mène à cette dernière.

Nous avons cependant tout motif de voir dans ces propos une image très infidèle de la réalité; si on les

1. [*Ajouté en 1910* :] Le seul terme approprié de la langue allemande : « *Lust* », est malheureusement équivoque et désigne aussi bien le besoin éprouvé que la satisfaction ressentie. Cf. plus bas, note a, p. 67 et note 1, p. 151.

34 examine avec plus d'attention, on constate qu'ils regorgent d'erreurs, d'inexactitudes et de présupposés hâtifs.

Introduisons deux termes : si nous appelons *objet sexuel* la personne dont émane l'attraction sexuelle et *but sexuel* l'acte auquel pousse la pulsion, l'expérience passée au crible de la science nous démontre qu'il existe, par rapport à ces deux pôles : objet et but sexuels, de nombreuses déviations dont la relation à la norme admise requiert un examen approfondi.

1. DÉVIATIONS PAR RAPPORT À L'OBJET SEXUEL

La plus belle illustration de la théorie populaire de la pulsion sexuelle est celle de la fable poétique de la séparation de l'être humain en deux moitiés – homme et femme – qui aspirent à s'unir à nouveau dans l'amour [a]. Il est, de ce fait, fort surprenant d'apprendre qu'il y a des hommes pour qui l'objet sexuel n'est pas représenté par la femme, mais par l'homme, et des femmes pour qui il n'est pas représenté par l'homme, mais par la femme. On appelle de telles personnes des « sexuels contraires [b] », ou mieux, des invertis, et le fait lui-même est appelé *inversion*. Le nombre de ces personnes est très

a. On retrouvera cette allusion partielle à la dyade d'Aristophane (cf. Platon, *Le Banquet*) à la fin du chapitre VI d'*Au-delà du principe de plaisir* (1920*g*).

b. « *Konträrsexuale* ». Le terme est apparenté à celui de « sensibilité sexuelle contraire » (« *Konträre Sexualempfindung* »), créé par Westphal en 1870, que l'on retrouve également chez Moll (1898).

considérable, bien qu'il soit difficile de les recenser avec précision [1].

A. *L'inversion*

COMPORTEMENT DES INVERTIS

Les individus concernés ont un comportement tout à fait différent en fonction des diverses orientations.

a) Ce sont des invertis *absolus,* c'est-à-dire que leur objet sexuel ne peut être qu'homosexuel, alors que le sexe opposé n'est jamais objet de leur désir [a] sexuel, mais 35
les laisse froids, ou même suscite en eux de l'aversion sexuelle. Lorsqu'il s'agit d'hommes, ils sont alors incapables, du fait de leur aversion, d'accomplir l'acte sexuel normal, ou n'en tirent aucune jouissance.

b) Ce sont des *invertis amphigènes* (hermaphrodites psychosexuels), c'est-à-dire que leur objet sexuel peut aussi bien appartenir au même sexe qu'à l'autre; il manque donc à l'inversion le caractère de l'exclusivité.

c) Ce sont des invertis *occasionnels,* c'est-à-dire que, sous certaines conditions externes, parmi lesquelles l'inaccessibilité de l'objet sexuel normal et l'imitation viennent au premier plan, il leur arrive de prendre pour objet sexuel une personne du même sexe et de tirer satisfaction de l'acte sexuel consommé avec elle.

En outre, les invertis présentent un comportement varié quant au jugement qu'ils portent sur la singularité de

1. En ce qui concerne ces difficultés, ainsi que les tentatives visant à établir la proportion d'invertis, cf. le travail de M. Hirschfeld (1904).

a. « *Sehnsucht* » : ce terme, rarement utilisé par Freud dans un tel contexte, dit plus que « désir ». C'est le désir ardent, insistant, l'aspiration vers. Il est souvent traduit par « nostalgie » bien qu'il ne fasse pas nécessairement référence au passé et puisse viser l'avenir.

leur pulsion sexuelle. Les uns assument l'inversion comme quelque chose qui va de soi, à l'instar de l'individu normal pour l'orientation de sa libido, et défendent avec ardeur le droit pour l'inversion d'être mise sur le même plan que la sexualité normale. D'autres cependant se révoltent contre le fait de leur inversion et la ressentent comme une contrainte morbide [1].

D'autres variations ont trait aux conditions temporelles. Tantôt la particularité de l'inversion a toujours existé chez l'individu, aussi loin que son souvenir est à même de remonter, tantôt elle ne s'est révélée à lui qu'à un moment déterminé avant ou après la puberté [2]. Tantôt ce caractère subsiste durant toute la vie, tantôt il cède momentanément, tantôt encore il constitue un épisode sur la voie du développement normal; il peut même ne
36 se manifester que tard dans l'existence, après une longue période d'activité sexuelle normale. On a également observé une oscillation périodique entre l'objet sexuel normal et l'objet sexuel inverti. Les cas dans lesquels la libido se modifie dans le sens de l'inversion après une expérience pénible avec un objet sexuel normal présentent un intérêt particulier.

Ces différentes séries de variations coexistent en général

1. Cette révolte contre la compulsion à l'inversion pourrait fournir les conditions permettant d'exercer une influence au moyen du traitement suggestif [*ajouté en 1910* :] ou de la psychanalyse.

2. Plusieurs auteurs ont souligné à juste titre qu'on ne pouvait se fier aux indications autobiographiques des invertis concernant la date d'apparition du penchant à l'inversion, car ceux-ci pouvaient avoir refoulé de leur mémoire les preuves de leurs sentiments hétérosexuels. – [*Ajouté en 1910* :] La psychanalyse a confirmé ce soupçon dans les cas d'inversion auxquels elle a eu accès et a modifié leur anamnèse de façon décisive en comblant l'amnésie infantile. [Dans la première édition, on pouvait lire à la place de cette dernière phase : « Cette question ne peut être tranchée que par l'investigation psychanalytique des invertis. »]

de façon indépendante les unes par rapport aux autres. Dans la forme la plus extrême, on peut admettre à peu près régulièrement que l'inversion a existé dès le très jeune âge et que la personne vit en bonne intelligence avec sa particularité.

Beaucoup d'auteurs se garderaient de rassembler en une seule entité les cas énumérés ci-dessus et préfèrent accentuer les différences plutôt que les traits communs de ces groupes, ce qui coïncide avec le point de vue sur l'inversion qui leur est cher. Mais, si légitimes que soient les distinctions, on ne saurait malgré tout méconnaître que tous les degrés intermédiaires peuvent se rencontrer à profusion, de sorte que la constitution d'une série s'impose en quelque sorte d'elle-même.

INTERPRÉTATION[a] DE L'INVERSION La première conception de l'inversion a consisté à l'interpréter comme un signe inné de dégénérescence nerveuse et correspondait au fait que les observateurs médicaux l'avaient d'abord rencontrée chez des personnes atteintes de maladie des nerfs ou qui donnaient l'impression de l'être. Cette caractéristique comporte deux implications, qui doivent être appréciées séparément : l'innéité et la dégénérescence.

DÉGÉNÉRESCENCE La dégénérescence se heurte aux objections qui sont généralement élevées contre l'utilisation arbitraire du terme. Il est en effet devenu courant d'attribuer à la dégénérescence toute espèce de manifestation pathologique dont l'origine n'est pas directement traumatique ou infectieuse. La classification des dégénérés établie par Magnan a même permis de ne pas exclure 37

a. « *Auffassung.* »

nécessairement l'emploi du concept de dégénérescence lorsque le profil général du fonctionnement nerveux est des plus parfaits. Dans de telles conditions, on peut se demander si le jugement : « dégénérescence » présente encore quelque utilité et quelque intérêt nouveau. Il semble plus opportun de ne pas parler de dégénérescence :

1) lorsqu'il n'y a pas coexistence de plusieurs déviations graves par rapport à la norme;

2) lorsque les capacités d'efficience et d'existence ne paraissent pas gravement altérées dans leur ensemble [1].

Plusieurs faits attestent que les invertis ne sont pas des dégénérés dans ce sens légitime :

1) On rencontre l'inversion chez des personnes qui ne présentent pas d'autres déviations graves par rapport à la norme.

2) On la trouve également chez des personnes dont les capacités d'efficience ne sont pas perturbées, voire qui se distinguent par un développement intellectuel et une culture éthique particulièrement élevés [2].

3) Lorsqu'on fait abstraction des patients de son expérience médicale et qu'on aspire à embrasser un horizon plus vaste, on se heurte de deux côtés à des faits qui interdisent d'interpréter l'inversion comme un signe de dégénérescence.

a) Il faut attacher de l'importance au fait que l'in-

1. Pour la circonspection avec laquelle il convient de poser le diagnostic de dégénérescence et la signification pratique minime qui lui revient, on peut se référer aux remarques de Moebius (1900) : « Si l'on considère à présent le vaste domaine de la dégénérescence, sur lequel quelques rais de lumière ont été jetés dans ces lignes, on s'aperçoit immédiatement qu'il y a fort peu d'intérêt à jamais poser le diagnostic de dégénérescence. »

2. Il faut accorder aux porte-parole de l'« uranisme » que certains des hommes les plus remarquables dont nous ayons jamais entendu parler étaient des invertis, peut-être même des invertis absolus.

version était un phénomène fréquent, presque une institution investie d'importantes fonctions chez les peuples de l'antiquité à l'apogée de leur culture.

b) Elle est extraordinairement répandue dans de nombreux peuples sauvages et primitifs, alors qu'il est d'usage de restreindre l'application du concept de dégénérescence aux civilisations évoluées (I. Bloch); et, même parmi les 38
peuples civilisés d'Europe, le climat et la race ont une influence prépondérante sur l'extension de l'inversion et l'attitude adoptée à son égard [1].

INNÉITÉ L'innéité, ainsi qu'on peut le concevoir, n'a été soutenue que pour la première et la plus extrême classe des invertis, et ceci assurément en raison de l'assurance donnée par ces personnes qu'aucune autre orientation de la pulsion sexuelle ne s'était manifestée chez elles à aucun moment de leur vie. La simple existence des deux autres classes, en particulier de la troisième, est déjà difficile à accorder avec la conception d'un caractère inné. D'où la tendance des représentants de ce point de vue à séparer le groupe des invertis absolus de tous les autres, ce qui a pour conséquence le renoncement à une conception universellement valable de l'inversion. L'inversion serait donc, dans une série de cas, un caractère inné; dans d'autres, son origine pourrait être différente.

L'opposé de cette conception est formé par celle qui veut que l'inversion soit un caractère *acquis* de la pulsion sexuelle. Elle s'appuie sur le fait :

1. Dans l'interprétation de l'inversion, les points de vue pathologiques ont été remplacés par les points de vue anthropologiques. Le mérite de ce changement revient à I. Bloch (1902-1903), qui a également mis vigoureusement en relief le phénomène de l'inversion dans les civilisations antiques.

1) qu'on peut mettre en évidence chez de nombreux invertis (même absolus) une impression sexuelle intervenant précocement dans leur existence, dont le penchant homosexuel représente la conséquence permanente ;

2) qu'on peut démontrer chez beaucoup d'autres les influences externes favorables et inhibitrices de l'existence qui ont conduit plus ou moins tôt à la fixation de l'inversion (commerce exclusif avec le même sexe, promiscuité en temps de guerre, détention dans les prisons, dangers des rapports hétérosexuels, célibat, faiblesse sexuelle, etc.) ;

39 3) que l'inversion peut être supprimée par la suggestion hypnotique, ce qui paraîtrait bien étonnant dans le cas d'un caractère inné.

De ce point de vue, on peut d'ailleurs contester qu'il existe à coup sûr une inversion innée. On peut objecter (Havelock Ellis [1915]) qu'un examen plus minutieux des cas considérés comme des inversions innées mettrait sans doute également en lumière une expérience vécue de la petite enfance ayant déterminé l'orientation de la libido ; cette expérience n'aurait simplement pas été conservée dans la mémoire consciente de la personne mais pourrait être rappelée en exerçant une influence appropriée. D'après ces auteurs, on ne pourrait définir l'inversion que comme une variation très répandue de la pulsion sexuelle, susceptible d'être déterminée par un certain nombre de circonstances extérieures.

La remarque contradictoire selon laquelle il est possible de démontrer que de nombreuses personnes subissent les mêmes influences sexuelles (même au cours de leur prime jeunesse : séduction, onanisme mutuel), sans pour autant qu'elles deviennent ou qu'elles restent durablement inverties, met fin, cependant, à la certitude qui semble ainsi acquise. On est ainsi poussé à supposer que l'alternative inné-acquis est insuffisante, ou bien qu'elle ne couvre pas les circonstances présentes dans l'inversion.

EXPLICATION DE L'INVERSION

Ni l'hypothèse, selon laquelle l'inversion est innée, ni l'autre, selon laquelle elle est acquise, n'expliquent la nature de l'inversion. Dans le premier cas, il convient de préciser ce qui est inné en elle, si l'on n'adhère pas à l'explication la plus grossière qui consiste à dire qu'une personne porte en elle de façon innée le lien de la pulsion sexuelle avec un objet déterminé. Dans l'autre cas, il y a lieu de se demander si les multiples influences accidentelles suffisent à expliquer l'acquisition, sans qu'il soit nécessaire que quelque chose dans l'individu vienne les soutenir. Nos précédentes élaborations interdisent de nier ce dernier facteur.

RECOURS À LA BISEXUALITÉ

Afin d'expliquer la possibilité d'une inver- 40
sion sexuelle, on a eu recours, depuis Frank Lydston [1889], Kiernan [1888] et Chevalier [1893], à une théorie qui entre une nouvelle fois en contradiction avec l'opinion populaire. Pour celle-ci, l'être humain est soit un homme, soit une femme. Mais la science connaît des cas dans lesquels les caractères sexuels sont effacés et où la détermination du sexe devient par conséquent difficile; et cela tout d'abord dans le domaine anatomique. Les organes génitaux de ces personnes combinent des caractères masculins et féminins (hermaphrodisme). Dans de rares cas les deux sortes d'appareils sexuels se sont développés l'un à côté de l'autre (hermaphrodisme vrai);

le plus souvent on a affaire à une atrophie bilatérale [1].

Ce qui est important, toutefois, dans ces anomalies, c'est qu'elles facilitent de façon inattendue la compréhension du développement normal. Un certain degré d'hermaphrodisme anatomique appartient en effet à la norme; chez tout individu mâle ou femelle normalement constitué, on trouve des vestiges de l'appareil de l'autre sexe, qui, privés de toute fonction, subsistent en tant qu'organes rudimentaires ou qui ont même été transformés pour assumer d'autres fonctions.

La conception qui découle de ces faits anatomiques depuis longtemps connus est celle d'une disposition bisexuelle originelle qui se modifie au cours de l'évolution jusqu'à devenir monosexualité, en conservant quelques menus restes du sexe atrophié.

Il était tentant de transférer cette conception au domaine psychique et de comprendre l'inversion dans ses variantes comme l'expression d'un hermaphrodisme psychique. Pour trancher la question, il suffisait simplement de
41 constater une coïncidence régulière entre l'inversion et les signes psychiques et somatiques de l'hermaphrodisme.

Mais cette attente a été déçue. On ne peut imaginer des rapports aussi étroits entre l'androgynie psychique présumée et l'androgynie anatomique démontrable. Ce que l'on trouve fréquemment chez les invertis est une diminution générale de la pulsion sexuelle (Havelock Ellis [1915]), et une légère atrophie anatomique des organes. Fréquemment, mais nullement de façon régulière, ni même prépondérante. Ainsi doit-on reconnaître

1. Cf. les dernières descriptions détaillées de l'hermaphrodisme somatique : Taruffi (1903) et les travaux de Neugebauer publiés dans plusieurs volumes du *Jahrbuch für sexuelle Zwischenstufen.*

que l'inversion et l'hermaphrodisme somatique sont dans l'ensemble indépendants l'un de l'autre.

On a également attaché une grande importance à ce qu'on appelle les caractères sexuels secondaires et tertiaires et l'on a souligné la fréquence de leur apparition chez les invertis (H. Ellis [1915]). Cela aussi contient une grande part de vérité, mais il ne faut pas oublier que les caractères sexuels secondaires et tertiaires d'un sexe apparaissent en général assez souvent chez l'autre et constituent ainsi des indices d'androgynie sans que l'objet sexuel en soit modifié dans le sens de l'inversion.

L'hermaphrodisme psychique gagnerait en consistance si l'inversion de l'objet sexuel était au moins accompagnée d'un renversement parallèle des autres propriétés psychiques, des pulsions et des traits de caractère, conforme à l'évolution caractéristique de l'autre sexe. Malheureusement, on ne peut s'attendre à rencontrer avec quelque régularité cette inversion du caractère que chez les femmes inverties; chez les hommes, la virilité psychique la plus complète est compatible avec l'inversion. Si l'on veut maintenir la notion d'hermaphrodisme psychique, alors il faut ajouter que ses manifestations dans différents domaines ne témoignent que d'une faible interdépendance. Il en va de même, du reste, pour l'hermaphrodisme somatique; selon Halban [1], les cas particuliers 42
d'atrophies d'organes et les caractères sexuels secondaires apparaissent aussi de façon relativement indépendante les uns par rapport aux autres.

La théorie de la bisexualité a été énoncée sous sa forme la plus crue par un porte-parole de l'inversion masculine : un cerveau de femme dans un corps d'homme. Malheu-

1. J. Halban (1903). Voir aussi la bibliographie qui y est citée.

reusement, nous ignorons les caractéristiques d'un « cerveau féminin ». La substitution du problème anatomique au problème psychologique est aussi inutile qu'injustifiée. L'explication proposée par von Krafft-Ebing semble mieux conçue que celle d'Ulrichs mais elle n'est pas différente dans son essence; von Krafft-Ebing pense [1895, 5] que la disposition bisexuelle dote l'individu aussi bien de centres cérébraux masculins et féminins que d'organes sexuels somatiques des deux sexes. Ces centres ne se développent qu'à l'époque de la puberté, principalement sous l'influence de la glande sexuelle qui, dans la disposition originelle, en est indépendante. Mais ce que nous venons de dire du cerveau masculin et féminin s'applique également aux « centres » masculins et féminins, et, de surcroît, nous ne savons même pas si nous sommes en droit d'admettre, pour les fonctions sexuelles, l'existence de zones cérébrales délimitées (« centres »), comme nous le faisons, par exemple, pour le langage [1].

1. Le premier qui ait eu recours à la bisexualité pour expliquer l'inversion semble (d'après une note bibliographique du sixième volume du *Jahrbuch für sexuelle Zwischenstufen*) avoir été E. Gley, qui publia, dès janvier 1884, un article (« Les aberrations de l'instinct sexuel ») dans la *Revue philosophique*. – Il faut d'ailleurs remarquer que la plupart des auteurs qui rapportent l'inversion à la bisexualité ne font pas uniquement ressortir ce facteur chez les invertis, mais aussi chez tous ceux qui sont devenus normaux, et interprètent logiquement l'inversion comme le résultat d'un trouble du développement. Ainsi déjà Chevalier (1893). Krafft-Ebing (1895 [10]) fait allusion à une
43 foule d'observations « qui démontrent au moins la permanence virtuelle de ce deuxième centre (du sexe secondaire) ». Un certain Dr Arduin (*« Die Frauenfrage und die sexuellen Zwischenstufen »*) affirme dans le deuxième volume du *Jahrbuch für sexuelle Zwischenstufen*, 1900, « qu'il existe en chaque être humain des éléments masculins et féminins (cf. dans cette même revue, vol. I, 1899, p. 8-9 et s. : " *Die objektive Diagnose der Homosexualität* ", du Dr M. Hirschfeld), seulement – en fonction de l'appartenance sexuelle –, les uns sont développés de façon incomparablement plus forte que les autres, pour autant qu'il s'agisse

Quoi qu'il en soit, deux idées se dégagent de ces discussions : que nous devons tenir compte également d'une prédisposition bisexuelle dans l'inversion, bien que nous ne sachions pas, au-delà de la conformation anatomique, en quoi cette prédisposition consiste; et qu'il s'agit là de troubles qui touchent la pulsion sexuelle dans son développement.

OBJET SEXUEL DES INVERTIS La théorie de l'hermaphrodisme psychique 43
présuppose que l'objet sexuel de l'inverti est l'opposé de l'objet de l'individu normal. L'homme inverti serait, comme la femme, tenu sous le charme qui émane des qualités viriles du corps et de l'âme; lui-même se sentirait femme et rechercherait l'homme.

Mais, si pertinent que soit ce point de vue pour toute une série d'invertis, il est pourtant bien loin de mettre en lumière un caractère universel de l'inversion. Il ne fait pas de doute qu'un grand nombre d'invertis masculins ont conservé le caractère psychique de la virilité, qu'ils présentent relativement peu de caractères secondaires de l'autre sexe et recherchent en fait dans leur objet sexuel des traits psychiques féminins. S'il en était autrement, on ne comprendrait pas pourquoi les prostitués masculins, qui – aujourd'hui comme dans l'antiquité – s'offrent aux invertis, copient les femmes dans

d'hétérosexuels... » – Pour G. Herman (1903), il est établi « qu'en chaque femme sont contenus des germes et des attributs masculins, en chaque homme des germes et des attributs féminins », etc. – [*Ajouté en 1910* :] En 1906, W. Fliess a revendiqué la paternité de l'idée de bisexualité (au sens d'une *dualité sexuelle*). – [*Ajouté en 1924* :] Dans certains cercles non spécialisés, on considère que la notion de bisexualité humaine est l'œuvre du philosophe O. Weininger, prématurément décédé, qui en a fait le fondement d'un livre passablement irréfléchi [1903]. Les indications qui précèdent montrent assez à quel point cette prétention est peu justifiée.

tous les aspects extérieurs de leur habillement et de leur maintien; cette imitation, sans cela, ne manquerait pas de faire injure à l'idéal des invertis. Chez les Grecs, où les hommes les plus virils se rencontraient parmi les invertis, il est clair que ce qui enflammait l'amour de l'homme n'était pas le caractère viril du garçon, mais sa ressemblance physique avec la femme ainsi que ses qua-
44 lités psychiques féminines, sa timidité, sa réserve, son besoin d'instruction et d'assistance. Dès que le garçon devenait un homme, il cessait d'être un objet sexuel pour l'homme et devenait éventuellement lui-même un amateur de garçons. Dans ce cas comme dans beaucoup d'autres, l'objet sexuel n'est pas, par conséquent, le même sexe, mais la réunion des deux caractères sexuels, le compromis, en quelque sorte, entre deux motions dont l'une recherche instamment l'homme et l'autre la femme – cependant qu'est maintenue la condition de la masculinité du corps (des parties génitales) –, le reflet, pour ainsi dire, de la propre nature bisexuelle de l'intéressé [1].

1. [Les derniers mots, à partir de : « le reflet », ont été ajoutés en 1915. – *Ajouté en 1910* :] La psychanalyse n'a certes pas fourni jusqu'à présent une explication satisfaisante de l'origine de l'inversion, mais elle a découvert le mécanisme psychique de sa genèse et enrichi considérablement les données du problème. Nous avons établi dans tous les cas examinés que les futurs invertis traversent, au cours des premières années de leur enfance, une phase de fixation très intense et cependant éphémère à la femme (le plus souvent à la mère) et qu'après avoir surmonté cette phase, ils s'identifient à la femme et se prennent eux-mêmes comme objets sexuels, autrement dit que, partant du narcissisme, ils recherchent de jeunes hommes semblables à leur propre personne, qu'ils veulent aimer comme leur mère les a aimés eux-mêmes. Nous avons en outre remarqué très souvent que de prétendus invertis n'étaient nullement insensibles aux attraits [*« Reiz »*, cf. note a, p. 54] de la femme, mais qu'ils reportaient constamment sur un objet masculin l'excitation produite par la femme. Ils répétaient ainsi toute leur vie durant le mécanisme qui avait fait naître leur inversion. Leur aspiration compulsive pour l'homme était déterminée par leur fuite sans trêve devant la femme.

L'état des choses est moins équivoque dans le cas de 45
la femme, où les inverties actives présentent avec une fréquence particulière des caractères somatiques et psychiques masculins et exigent de leur objet sexuel la

[Dans l'édition de 1910, cette note était suivie à cet endroit d'un passage qui fut supprimé par la suite :] Il faut cependant garder à l'esprit que, jusqu'à présent, seule une certaine catégorie d'invertis a été soumise à la psychanalyse : des personnes à l'activité sexuelle généralement rétrécie et chez qui ce qui subsiste de cette activité se manifeste sous forme d'inversion. Le problème de l'inversion est extrêmement complexe et englobe des types très différents d'activité et de développement sexuels. Il conviendrait d'établir une distinction conceptuelle rigoureuse entre les différents cas d'inversion, selon que l'inversion concerne le caractère sexuel de l'*objet* ou celui du *sujet*.

[*Ajouté en 1915* :] La recherche psychanalytique s'oppose avec la plus grande détermination à la tentative de séparer les homosexuels des autres êtres humains en tant que groupe particularisé. En étudiant d'autres excitations sexuelles encore que celles qui se révèlent de façon manifeste, elle apprend que tous les hommes sont capables d'un choix d'objet homosexuel et qu'ils ont effectivement fait ce choix dans l'inconscient. De fait, les liaisons de sentiments libidinaux [*« Bindungen libidinöser Gefühle »*] à des personnes du même sexe ne jouent pas un moindre rôle, en tant que facteurs intervenant dans la vie psychique normale, que celles qui s'adressent au sexe opposé, et, en tant que moteurs de la maladie, elles en jouent un plus grand. Bien plutôt, c'est l'indépendance du choix d'objet vis-à-vis du sexe de l'objet, la liberté de disposer indifféremment d'objets masculins ou féminins – telle qu'on l'observe dans l'enfance, dans des états primitifs et à des époques reculées de l'histoire –, que la psychanalyse considère comme la base originelle à partir de laquelle se développent, à la suite d'une restriction dans un sens ou dans l'autre, le type normal aussi bien que le type inversé. Du point de vue de la psychanalyse, par conséquent, l'intérêt sexuel exclusif de l'homme pour la femme est aussi un problème qui requiert une explication et non pas quelque chose qui va de soi et qu'il y aurait lieu d'attribuer à une attraction chimique en son fondement. La décision du comportement sexuel final ne tombe qu'après la puberté; elle est le résultat d'une série encore impossible à cerner de facteurs dont certains sont de nature constitutionnelle,
d'autres cependant de nature accidentelle. Assurément, certains d'entre 45
eux sont susceptibles de prendre une importance si considérable qu'ils influencent le résultat dans leur sens. Mais, en général, la multiplicité des facteurs déterminants est reflétée par la diversité des conséquences

féminité, bien que, là encore, une connaissance plus précise des faits ferait sans doute apparaître une plus grande variété.

sur le comportement sexuel manifeste de l'être humain. Dans le cas des types inversés, on constate en permanence la prédominance de constitutions archaïques et de mécanismes psychiques primitifs. La valeur accordée au *choix d'objet narcissique* et le *maintien* de la signification érotique de la *zone anale* paraissent en constituer les caractères les plus essentiels. On ne gagne rien, cependant, à séparer, sur le fond de telles particularités constitutionnelles, les types d'inversion les plus extrêmes des autres. Ce qui semble fonder de manière satisfaisante l'explication de ces types peut aussi bien être mis en évidence, quoique à un moindre degré, dans la constitution de types intermédiaires et chez des individus manifestement normaux. Les différences au niveau des résultats peuvent bien être de nature qualitative : l'analyse montre qu'au niveau des conditions elles ne sont que quantitatives. Parmi les facteurs accidentels qui influencent le choix d'objet, nous avons trouvé que la frustration [*« Versagung »*] (l'intimidation sexuelle précoce) était digne d'intérêt et nous avons également noté que la présence des deux parents jouait un rôle important. Il n'est pas rare que l'absence d'un père fort dans l'enfance favorise l'inversion. Enfin, on peut exiger que l'inversion de l'objet sexuel soit strictement séparée, sur le plan conceptuel, du mélange des caractères sexuels dans le sujet. On ne saurait là encore dénier aux deux pôles de cette relation un certain degré d'indépendance.

[*Ajouté en 1920* :] Ferenczi (1914) a avancé une série de thèses intéressantes sur la question de l'inversion. Ferenczi relève à juste titre que, sous prétexte qu'ils ont en commun le symptôme de l'inversion, on jette dans le même sac, sous le nom d'« homosexualité » – qu'il veut remplacer par celui, plus adapté, d'« homoérotisme » – un certain nombre d'états très différents, qui ne sont équivalents ni du point de vue organique ni du point de vue psychique. Il demande qu'une distinction rigoureuse soit établie au moins entre les deux types de l'*homoérotique de sujet,* qui se sent femme et qui se comporte comme telle, et de l'*homoérotique d'objet,* qui est pleinement viril et ne fait qu'échanger l'objet féminin contre un objet du même sexe que lui. Il reconnaît au premier le caractère de véritable « degré sexuel intermédiaire », au sens de Magnus Hirschfeld, et décrit le second – avec
46 moins de bonheur – comme un névrosé obsessionnel. La révolte contre le penchant à l'inversion, de même que la possibilité d'exercer une influence psychique [cf. note 1, p. 40] n'entreraient en ligne de compte que chez l'homoérotique d'objet. Même si l'on reconnaît l'existence de ces deux types, il faut ajouter que chez de nombreuses personnes une

BUT SEXUEL DES INVERTIS Le fait important à retenir est que, dans l'inversion, le but sexuel ne peut en aucun cas être désigné de façon uniforme. Chez les hommes, le rapport *per anum* ne coïncide pas forcément avec l'inversion; la masturbation est tout aussi souvent le but exclusif et les restrictions du but sexuel – jusqu'à la

certaine quantité d'homoérotisme subjectif se trouve mêlée à une part d'homoérotisme d'objet.

Au cours de ces dernières années, des travaux de biologistes, en particulier ceux de Eugen Steinach, ont jeté une lumière éclatante sur les conditions organiques de l'homoérotisme et des caractères sexuels en général.

On a réussi, grâce au procédé expérimental de la castration, suivie d'une greffe de glandes sexuelles de l'autre sexe, à transformer, chez différents mammifères, le mâle en femelle et inversement. La transformation touchait de façon plus ou moins complète les caractères sexuels somatiques et le comportement psychosexuel (autrement dit l'érotisme de sujet et d'objet). On considère que le moteur de cette force qui détermine le sexe n'est pas la partie de la glande sexuelle qui forme les cellules sexuelles, mais ce qu'on appelle le tissu interstitiel de l'organe (la « glande pubertaire »).

Dans un cas, la transformation sexuelle fut menée à bon terme chez un homme qui avait perdu ses testicules à la suite d'une affection tuberculeuse. Dans sa vie sexuelle, il s'était comporté de façon féminine, comme un homosexuel passif, et présentait des caractères sexuels féminins de type secondaire très affirmés (modifications de la chevelure, de la croissance de la barbe, accumulation de graisse aux seins et aux hanches). Après la greffe d'un testicule humain cryptique, cet homme se mit à se comporter de façon masculine et à diriger de manière normale sa libido vers la femme. Simultanément, les caractères somatiques féminins disparurent (A. Lipschütz, 1919 [356-357]).

Il serait injustifié de prétendre que ces belles expérimentations assoient la théorie de l'inversion sur une base nouvelle et il serait prématuré d'attendre d'elles tout bonnement qu'elles nous indiquent la voie de la « guérison » universelle de l'inversion. W. Fliess a souligné à juste titre que ces découvertes expérimentales n'invalident pas la théorie de la disposition bisexuelle universelle des animaux supérieurs. Il me semble bien plus probable que d'autres investigations de ce genre confirmeront directement l'hypothèse de la bisexualité.

simple effusion sentimentale – sont mêmes plus fré-
46 quentes ici que dans l'amour hétérosexuel. Chez les femmes aussi, les buts sexuels des inverties sont variés; parmi ceux-ci, il semble que le contact de la muqueuse buccale soit spécialement recherché.

CONCLUSION Nous nous voyons certes dans l'impossibilité de fournir une explication satisfaisante de la genèse de l'inversion à partir du matériel existant, mais nous pouvons constater que nous sommes parvenus au cours de notre investigation à une vision des choses susceptible de prendre plus d'importance pour nous que la résolution de ce problème. Il nous apparaît que nous nous représentions le lien entre la pulsion sexuelle et l'objet sexuel sous une forme trop étroite. L'expérience des cas considérés comme anormaux nous apprend qu'il existe dans ces cas une soudure entre pulsion sexuelle et objet sexuel,
47 que nous risquons de ne pas voir en raison de l'uniformité de la conformation normale, dans laquelle la pulsion semble porter en elle l'objet. Nous sommes ainsi mis en demeure de relâcher dans nos pensées les liens entre pulsion et objet. Il est probable que la pulsion sexuelle est d'abord indépendante de son objet et que ce ne sont pas davantage les attraits [a] de ce dernier qui déterminent son apparition.

a. « *Reizen* ». Le terme de « *Reiz* » a à la fois le sens d'attrait, de charme et celui de stimulus, d'excitant, ce qui va permettre à Freud de jouer à plusieurs reprises de ce double sens. Cf. la note 1, p. 67 et a, p. 147. Voir aussi, en ce qui concerne le deuxième sens du mot la note d, p. 83.

B. *Immatures sexuels et animaux pris comme objets sexuels*

Tandis que les personnes dont les objets sexuels n'appartiennent pas au sexe normalement approprié, autrement dit les invertis, se présentent à l'observateur comme une collection d'individus susceptibles de se montrer tout à fait estimables par ailleurs, les cas dans lesquels des personnes sexuellement immatures (enfants) sont choisies comme objet sexuel apparaissent d'emblée comme des aberrations sporadiques. Il est exceptionnel que les enfants soient l'objet sexuel exclusif; le plus souvent, ce rôle leur est assigné lorsqu'un individu devenu lâche et impuissant se résout à unc telle substitution, ou qu'une pulsion impérieuse (impossible à différer) ne peut en temps voulu se rendre maître d'un objet approprié. Quoi qu'il en soit, la nature de la pulsion sexuelle est éclairée par le fait qu'elle autorise une si grande variation et une telle dépréciation de son objet, chose que la faim, qui tient à son objet avec bien plus d'énergie, ne tolérerait que dans le plus extrême des cas. La même remarque s'applique aux rapports sexuels avec des animaux, qui sont loin d'être rares, en particulier dans la population des campagnes, l'attraction sexuelle semblant franchir, à cette occasion, la barrière des espèces.

Pour des motifs esthétiques, on aimerait pouvoir imputer cette aberration aux malades mentaux, de même que d'autres aberrations graves de la pulsion sexuelle; mais cela n'est pas possible. L'expérience montre que les troubles de la pulsion sexuelle observés chez ces derniers ne sont pas différents de ceux des bien-portants, quelle

que soit leur race ou leur condition. Ainsi rencontre-
48 t-on avec une fréquence extraordinaire l'abus sexuel des enfants chez les maîtres d'école et le personnel de garde, simplement parce que les meilleures occasions leur sont offertes. Les malades mentaux présentent l'aberration en cause sous une forme seulement accentuée, ou bien, ce qui est particulièrement significatif, promue à l'exclusivité et substituée à la satisfaction sexuelle normale.

Cette relation très singulière entre les variations sexuelles et l'échelle de degrés qui va de la santé aux troubles mentaux donne à réfléchir. J'aurais tendance à penser que le fait qu'il nous incombe d'expliquer nous indique que les motions de la vie sexuelle font partie de celles qui sont aussi les plus mal maîtrisées, en temps normal, par les activités psychiques supérieures. Celui qui, d'une manière ou d'une autre, d'un point de vue social ou éthique, est mentalement anormal, celui-là l'est aussi invariablement dans sa vie sexuelle, si j'en crois mon expérience. Mais beaucoup sont anormaux dans leur vie sexuelle, qui se conforment en tous autres points à la ligne générale et qui ont suivi dans leur personne le développement culturel humain dont le point faible reste la sexualité.

Si nous avions à dégager le résultat le plus général de ces discussions, ce serait toutefois pour constater que, parmi de multiples conditions et pour un nombre étonnant d'individus, le genre et la valeur de l'objet sexuel sont relégués à l'arrière-plan. Ce qui est essentiel et constant dans la pulsion sexuelle est autre chose [1].

1. [*Ajouté en 1910* :] La différence la plus marquante entre la vie amoureuse du monde antique et la nôtre réside sans doute dans le fait que les anciens mettaient l'accent sur la pulsion elle-même, alors que nous le plaçons sur l'objet. Les anciens célébraient la pulsion et étaient

2. DÉVIATIONS PAR RAPPORT AU BUT SEXUEL

On considère comme but sexuel normal l'union des parties génitales dans l'acte appelé accouplement, qui aboutit à la résolution de la tension sexuelle et à l'extinction temporaire de la pulsion sexuelle (satisfaction 49
analogue à l'assouvissement de la faim). Pourtant, dans le processus sexuel le plus normal, on peut déjà repérer les germes dont le développement conduit aux aberrations que l'on a décrites sous le nom de *perversions.* On reconnaît en effet le caractère de buts sexuels préliminaires à certaines relations intermédiaires avec l'objet sexuel (situées sur la voie qui mène à l'accouplement), telles que le fait de le toucher ou de le regarder. Ces activités sont, d'une part, elles-mêmes accompagnées de plaisir; d'autre part, elles accroissent l'excitation, qui doit se soutenir jusqu'à ce que le but sexuel terminal soit atteint. Un de ces attouchements, le contact mutuel des muqueuses des lèvres, a acquis en outre, sous le nom de baiser, une haute valeur sexuelle chez bien des peuples (y compris les plus civilisés), bien que les parties du corps concernées n'appartiennent pas à l'appareil génital, mais forment l'entrée du tube digestif. Nous sommes là, par conséquent, devant des facteurs qui permettent de rattacher les perversions à la vie sexuelle normale et qui peuvent également servir à leur classification. Les perversions sont

prêts à vénérer en son nom même un objet de valeur inférieure, alors que nous méprisons l'activité pulsionnelle en elle-même et ne l'excusons qu'en vertu des qualités que nous reconnaissons à l'objet.

soit *a)* des *transgressions*[a] anatomiques des zones corporelles destinées à l'union sexuelle, soit *b)* des *arrêts*[b] aux relations intermédiaires avec l'objet sexuel qui, normalement, doivent être rapidement traversées sur la voie du but sexuel final.

A. *Transgressions anatomiques*

SURESTIMATION DE L'OBJET SEXUEL L'estimation psychique à laquelle est soumis l'objet sexuel en tant que but désiré[c] de la pulsion sexuelle ne se limite que dans les cas les plus rares à ses parties génitales, mais couvre généralement la totalité de son corps, et elle a tendance à englober toutes les sensations qui émanent de l'objet sexuel. La même surestimation s'étend au domaine psychique et se manifeste par un aveuglement logique (faiblesse du jugement) vis-à-vis des performances et per-
50 fections psychiques de l'objet sexuel ainsi que par une soumission crédule aux jugements émis par lui. La crédulité de l'amour devient ainsi une source importante, sinon la source originelle[d] de l'*autorité*[1].

C'est précisément cette surestimation sexuelle qui s'ac-

1. Je ne puis m'empêcher de rappeler à ce propos la docilité crédule des hypnotisés à l'égard de l'hypnotiseur, qui me fait supposer que l'essence de l'hypnose est à situer dans la fixation inconsciente de la libido à la personne de l'hypnotiseur (au moyen de la composante masochiste de la pulsion sexuelle). – [*Ajouté en 1910* :] S. Ferenczi a associé ce caractère de la suggestibilité au « complexe parental » (1909). [Sur la question du « rapport » hypnotique et de son rapprochement avec la relation amoureuse, cf. Freud : *Traitement psychique* (1890 *a*), *Psychologie des masses et analyse du moi* (1921 *c*), VII et VIII.]

a. *« Uberschreitungen. »*

b. *« Verweilungen. »*

c. *« Wunschziel. »*

d. *« Uranfänglich. »* Le préfixe « ur » marque l'origine la plus reculée.

corde si mal avec la restriction du but sexuel à l'union des parties génitales proprement dites et qui contribue à élever au rang de buts sexuels des activités intéressant d'autres parties du corps [1].

La signification du facteur de la surestimation sexuelle peut être le mieux étudiée chez l'homme, dont la vie amoureuse a seule pu faire l'objet de recherches, alors que celle de la femme – du fait, d'une part, de l'étiolement que lui impose la civilisation, d'autre part en raison de la discrétion et de l'insincérité conventionnelles des femmes – est voilée d'une obscurité encore impénétrable [2].

1. [Ce petit paragraphe et la note qui l'accompagne ont subi plusieurs remaniements. Dans les trois premières éditions, le paragraphe se poursuivait ainsi : « L'apparition de ces multiples transgressions anatomiques suppose à l'évidence un besoin de variation, phénomène décrit par Hoche comme un " appétit de stimulation " » [« *Reizhunger* »]. – La première phrase de la note a été ajoutée en 1915. Auparavant, la note commençait par : « Je dois conclure, après plus ample réflexion, que I. Bloch a surestimé l'importance théorique du facteur de l'" appétit de stimulation ". » En voici le texte définitif, qui, comme celui du paragraphe ci-dessus, est de 1920 :] Il est à noter, toutefois, que la surestimation sexuelle n'accompagne pas tous les mécanismes du choix d'objet et nous apprendrons par la suite qu'il existe une autre explication plus directe du rôle sexuel des autres parties du corps. Le facteur de l'" appétit de stimulation ", mis en avant par Hoche et I. Bloch pour expliquer l'extension de l'intérêt sexuel à d'autres parties du corps que les parties génitales, ne me semble pas mériter une place aussi importante. Les différentes voies qu'emprunte la libido sont, dès le début, reliées les unes aux autres à la manière de vases communicants, et il faut prendre en compte le phénomène du courant collatéral. [Cf. p. 86-87.]

1. [*Ajouté en 1920* :] Dans des cas typiques, on constate l'absence, chez la femme, d'une surestimation sexuelle de l'homme, mais elle ne manque presque jamais d'en témoigner à l'égard de son propre enfant.

USAGE SEXUEL DES MUQUEUSES DES LÈVRES ET DE LA BOUCHE

L'utilisation de la bouche comme organe sexuel a valeur de perversion lorsque les lèvres (la langue) d'une personne sont mises en contact avec les parties génitales d'une autre, mais non lorsque les muqueuses des lèvres des deux partenaires entrent en contact mutuel. C'est dans cette dernière exception que réside le point de rattachement avec la normale. Celui qui rejette avec horreur en tant que perversions les autres pratiques en usage, sans doute, depuis les origines de l'humanité, celui-là cède à un net *sentiment de*
51 *dégoût* qui le retient d'accepter un but sexuel de ce genre. Mais la frontière de ce dégoût est souvent purement conventionnelle; celui qui baise avec ardeur les lèvres d'une jolie jeune fille ne se servira peut-être qu'avec répugnance de la brosse à dents de celle-ci, bien qu'il n'y ait aucune raison de supposer que sa propre cavité buccale, qui ne le dégoûte pas, soit plus propre que celle de la jeune fille. Notre attention est ici attirée sur le rôle du dégoût, qui fait obstacle à la surestimation amoureuse de l'objet sexuel, mais qui peut être à son tour surmonté par la libido. On pourrait voir dans le dégoût une des forces qui ont provoqué la limitation du but sexuel. En règle générale, ces forces n'étendent pas leur action aux parties génitales elles-mêmes. Mais il ne fait aucun doute que les parties génitales du sexe opposé peuvent aussi, en tant que telles, être un objet de dégoût et que ce comportement est une des caractéristiques communes à tous les hystériques (en particulier les hystériques du sexe féminin). La force de la pulsion sexuelle se plaît à s'affirmer en surmontant ce dégoût. (Cf. plus bas [p. 68 et 73].)

USAGE SEXUEL DE L'ORIFICE ANAL

Dans le cas de l'utilisation de l'anus, on reconnaît encore plus clairement que précédemment que c'est le dégoût qui marque ce but sexuel du sceau de la perversion. Que l'on ne me prête pas, cependant, une position partisane, si j'avance que l'explication de ce dégoût, à savoir que cette partie du corps sert à l'excrétion et entre en contact avec ce qui est dégoûtant en soi – les excréments –, n'est guère plus plausible que celle que les jeunes filles hystériques allèguent à propos de leur dégoût de l'organe génital masculin : il sert à la miction.

Le rôle sexuel de la muqueuse anale ne se réduit en aucune façon aux rapports entre hommes, son élection n'est nullement caractéristique d'une sensibilité invertie. Il semble au contraire que la pédication de l'homme doive son rôle à l'analogie qu'elle présente avec l'acte accompli avec la femme, alors que la masturbation mutuelle est le but sexuel qu'on rencontre le plus fréquemment dans les rapports entre invertis.

IMPORTANCE DES AUTRES RÉGIONS DU CORPS

L'extension de la sexualité à 52
d'autres régions du corps n'offre dans toutes ses variations rien d'essentiellement nouveau, et n'ajoute rien à la connaissance de la pulsion sexuelle, laquelle ne fait en cela qu'annoncer son intention de se rendre maîtresse de l'objet sexuel dans toutes les directions. Néanmoins, à côté de la surestimation sexuelle, un autre facteur, que le savoir populaire ignore, se révèle à l'occasion des transgressions anatomiques. Certains endroits du corps, tels que les muqueuses buccales et anales, qui réapparaissent constamment dans ces pratiques, élèvent en quelque sorte des prétentions à être considérées et traitées elles-mêmes comme des parties

génitales. Nous verrons comment ces prétentions sont justifiées par le développement de la pulsion sexuelle et comment elles se réalisent dans la symptomatologie de certains états morbides.

SUBSTITUT IMPROPRE DE L'OBJET SEXUEL-FETICHISME

Les cas dans lesquels l'objet sexuel normal est remplacé par un autre objet qui, bien qu'il soit en relation avec le premier, est néanmoins tout à fait impropre à servir à la réalisation du but sexuel normal, laissent une impression toute particulière. Du point de vue de la classification, nous aurions sans doute mieux fait de mentionner ce groupe fort intéressant d'aberrations de la pulsion sexuelle en même temps que les déviations relatives à l'objet sexuel; mais nous avons remis cela à plus tard, jusqu'au moment où nous avons fait connaissance avec la *surestimation sexuelle* dont dépendent ces manifestations, qui sont liées à un abandon du but sexuel.

Le substitut de l'objet sexuel est une partie du corps qui convient en général très mal à des buts sexuels (pied, chevelure), ou bien un objet inanimé dont on peut démontrer la relation avec la personne sexuelle [a] qu'il remplace et, de préférence, avec sa sexualité (pièces de vêtement, lingerie). Ce n'est pas sans raison que l'on compare ce substitut au fétiche dans lequel le sauvage voit son dieu incarné.

La transition aux cas de fétichisme qui impliquent un renoncement au but sexuel normal ou pervers est fournie par les cas dans lesquels l'objet sexuel doit répondre à
53 une condition fétichiste pour que le but sexuel soit atteint (telle couleur de cheveux, tel habillement, ou même tels

a. *« Sexualperson. »*

défauts physiques). Aucune autre variation de la pulsion sexuelle confinant au pathologique ne mérite autant notre intérêt que celle-ci, en vertu du caractère singulier des manifestations qu'elle engendre. Un certain fléchissement de la tendance vers le but sexuel normal semble en être, dans tous les cas, la condition préalable (faiblesse d'exécution de l'appareil sexuel [1]). Le rattachement à la normale est fourni par la surestimation psychologiquement nécessaire de l'objet sexuel, qui s'étend inévitablement à tout ce qui est relié par association à ce dernier. Un certain degré de fétichisme de ce genre est ainsi régulièrement propre à la vie amoureuse normale, en particulier aux stades de l'état amoureux [a] où le but sexuel normal paraît impossible à atteindre ou ne peut être réalisé.

Schaff' mir ein Halstuch von ihrer Brust,
Ein Strumpfband meiner Liebeslust [b]

Le cas pathologique se présente seulement lorsque l'aspiration [à la possession] du fétiche se fixe par-delà cette condition et s'installe à la place du but normal, ou encore lorsque le fétiche se détache d'une personne déterminée pour devenir l'unique objet sexuel. Ce sont là les conditions générales de la transformation de simples variations de la pulsion sexuelle en dérèglements pathologiques.

1. [*Ajouté en 1915* :] Cette faiblesse correspondrait à la condition *constitutionnelle*. La psychanalyse a mis en évidence, en tant que condition *accidentelle*, l'intimidation sexuelle précoce, qui détourne du but sexuel normal et incite à lui trouver un substitut.

a. « *Verliebtheit.* »

b. « Apporte-moi un fichu, qui ait couvert son sein,
Une jarretière de ma bien-aimée! » Goethe, *Faust*, I, 7.

Dans le choix du fétiche, ainsi que Binet [1888] l'a affirmé le premier et comme de nombreux exemples l'ont confirmé depuis, se manifeste l'influence persistante d'une impression sexuelle ressentie le plus souvent au cours de la prime enfance, ce qui peut être mis en parallèle avec la ténacité proverbiale d'un premier amour chez les normaux *(« on revient toujours à ses premières amours* [a] *»).*
54 Cette origine est particulièrement évidente dans les cas où l'objet sexuel est déterminé de façon purement fétichiste. Nous rencontrerons encore à un autre endroit l'importance des impressions sexuelles précoces [1] [p. 194-195].

Dans d'autres cas, c'est une association de pensées symboliques, dont l'intéressé n'est le plus souvent pas conscient, qui a conduit au remplacement de l'objet par le fétiche. Les voies de ces associations ne peuvent pas toujours être reconstruites de façon certaine (le pied est un symbole sexuel archaïque, déjà dans le mythe [2], la

1. [*Ajouté en 1920* :] Une investigation psychanalytique plus approfondie a donné matière à une critique justifiée de l'affirmation de Binet. Toutes les observations faites dans ce domaine ont pour thème une première rencontre avec le fétiche, au cours de laquelle celui-ci se trouve déjà en possession de l'intérêt sexuel, sans que l'on puisse comprendre à partir des circonstances concomitantes comment cela s'est produit. De plus, toutes ces impressions sexuelles « précoces » sont situées à une époque postérieure à la cinquième ou sixième année, alors que la psychanalyse permet de douter que des fixations pathologiques puissent naître si tard. Les choses se passent en réalité de la manière suivante : derrière le premier souvenir relatif à l'apparition du fétiche se trouve une phase engloutie et oubliée du développement sexuel, qui est représentée [*« vertreten »*] par le fétiche comme par un « souvenir-écran », et dont le reste et le précipité constituent, par conséquent, le fétiche. L'évolution vers le fétichisme de cette phase qui remonte aux premières années de l'enfance, ainsi que le choix du fétiche lui-même, sont constitutionnellement déterminés.

2. [*Ajouté en 1910* :] Ainsi le soulier ou la pantoufle, symbole des parties génitales féminines.

a. En français dans le texte.

« fourrure [a] » doit sans doute son rôle de fétiche à son association avec les poils du *Mons Veneris*) ; néanmoins, il semble que ce genre de symbolisme ne soit pas non plus toujours indépendant d'expériences sexuelles vécues durant l'enfance [1].

B. *Fixation de buts sexuels préliminaires* 55

APPARITION DE NOUVEAUX OBJECTIFS

Toutes les conditions externes et internes qui entravent ou éloignent la réalisation du but sexuel normal (impuissance, prix élevé de l'objet sexuel, dangers de l'acte sexuel) soutiennent, ainsi qu'on peut le comprendre, la tendance à

1. [*Ajouté en 1910* :] La psychanalyse a comblé une des lacunes qui subsistaient dans la compréhension du fétichisme en soulignant l'importance, dans le choix du fétiche, d'un *plaisir olfactif* [*« Riechlust »*] coprophilique, qui s'est perdu en raison du refoulement. Le pied et la chevelure sont des objets qui dégagent une forte odeur, et qui sont élevés au rang de fétiche après le renoncement à la sensation olfactive devenue déplaisante. Ainsi, dans la perversion correspondant au fétichisme du pied, seul le pied sale et malodorant est objet sexuel. Une autre contribution à l'explication de la préférence fétichiste pour le pied nous vient des théories sexuelles infantiles (cf. plus bas [p. 124-125]). Le pied remplace le pénis de la femme, dont l'absence est si lourdement ressentie. – [*Ajouté en 1915* :] Dans bien des cas de fétichisme du pied, il a été possible de montrer que la *pulsion scopique* [*« Schautrieb »*], dirigée à l'origine vers les parties génitales et qui cherche à accéder à son objet par en dessous a été retenue en route par l'interdit et le refoulement, moyennant quoi elle s'est attachée au pied ou au soulier qui ont pris valeur de fétiche. Conformément à l'attente enfantine, l'organe génital féminin fut dès lors représenté [*« vorgestellt »*] comme un organe masculin. [À propos du refoulement du plaisir olfactif, cf. la fin de l'analyse de « L'Homme aux rats » (1909 *d*) et les deux notes du chap. VI de *Malaise dans la civilisation* (1930 *a*). Sur la question du fétiche, voir « Le Fétichisme » (1927 *e*).]

a. *« Pelz. »* La présence des guillemets ne s'explique que par allusion à l'expression argotique *« pelzen »*, un des nombreux termes d'argot allemand qui désignent l'acte sexuel.

s'arrêter aux actes préparatoires et à en faire de nouveaux buts sexuels qui peuvent prendre la place des buts normaux. Un examen plus approfondi montre invariablement que même les plus singuliers en apparence de ces nouveaux objectifs sont déjà ébauchés dans le processus sexuel normal.

TOUCHER ET REGARDER

Une certaine quantité d'attouchements est indispensable, tout au moins à l'être humain, pour atteindre le but sexuel normal. Et tout le monde connaît la source de plaisir, d'une part, l'afflux d'excitations nouvelles, d'autre part, qu'engendrent les sensations produites par le contact de la peau de l'objet sexuel. Aussi, le fait de s'arrêter aux attouchements ne peut-il guère être compté au nombre des perversions, à condition, toutefois, que l'acte sexuel se poursuive.

Il en va de même pour la vue dérivée, en dernière ligne, du toucher. L'impression optique reste la voie par laquelle l'excitation libidinale est le plus fréquemment éveillée et la sélection naturelle compte sur la praticabilité de cette voie – si toutefois cette façon téléologique de voir les choses est recevable [a] – lorsqu'elle favorise l'évolution de l'objet sexuel vers la beauté. La dissimulation progressive du corps qui va de pair avec la civilisation tient en éveil la curiosité sexuelle, laquelle aspire à compléter pour soi l'objet sexuel en dévoilant ses parties cachées, mais peut aussi être détournée (« sublimée [b] »)

a. La proposition placée entre tirets a été ajoutée en 1915. Cf. la note a, p. 114.

b. « *Sublimiert.* » C'est là, semble-t-il, la première apparition du terme chez Freud. Il apparaît également dans « Fragment d'une analyse d'hystérie » (1905 *e*), p. 36 et 87 de la traduction française, dont la conception est antérieure (1901), la parution postérieure aux *Trois essais*...

en direction de l'art, lorsqu'il devient possible de détacher des parties génitales l'intérêt qu'elles suscitent pour le diriger vers la forme du corps dans son ensemble [1]. Dans une certaine mesure, il arrive à la plupart des normaux de s'arrêter à ce but sexuel intermédiaire que constitue 56
le fait de regarder de façon sexuellement marquée, ce qui leur donne en fait la possibilité de diriger une certaine part de leur libido vers des buts artistiques plus élevés. En revanche, le plaisir scopique [a] devient une perversion : *a)* lorsqu'il se limite exclusivement aux parties génitales, *b)* lorsqu'il est associé au dépassement du dégoût (*voyeurs* [b] : spectateurs des fonctions excrémentielles), *c)* lorsqu'il refoule le but sexuel normal, au lieu de le préparer. Ce dernier cas est très répandu chez les exhibitionnistes qui, s'il m'est permis de tirer des conclusions de plusieurs analyses [c], montrent leurs parties génitales

1. [*Ajouté en 1915* :] Il me paraît incontestable que le concept du « beau » a ses racines dans le terrain de l'excitation sexuelle et qu'il désigne à l'origine ce qui est sexuellement stimulant (« les attraits » [*« Reize »*, cf. note a, p. 54]). Ceci est en relation avec le fait que nous ne pouvons jamais proprement trouver « belles » les parties génitales elles-mêmes, dont la vue provoque l'excitation sexuelle la plus intense.

a. *« Schaulust. »* Rappelons les notes 1, p. 37 et 1, p. 151, où Freud lui-même souligne le sens ambigu du mot *« Lust »*. De fait, on se heurte ici à une deuxième difficulté, dans la mesure où – le texte le démontre – *« Schaulust »* désigne tout plaisir (et/ou toute envie) engendré dans la sphère du regard, tant sur le mode actif que sur le mode passif de l'exhibition. Au demeurant, ce double sens se retrouve dans le radical *« Schau »*, puisque, si *« schauen »* veut dire « regarder », *« die Schau »* signifie aussi « la montre », « le *show* ». *« Schaulust »* veut donc dire à la fois : « plaisir et/ou envie de regarder et/ou de montrer ». C'est pourquoi nous avons opté pour « plaisir scopique », qui a le mérite de ne pas fixer l'expression à son seul sens actif. Les mêmes raisons nous ont conduit à traduire *« Schautrieb »* par « pulsion scopique ».

b. En français dans le texte.

c. Dans les éditions antérieures à celle de 1924, il était ici question d'« une seule analyse ».

afin de pouvoir contempler en retour les parties génitales d'autrui [1].

Dans les perversions dont la tendance est de regarder et d'être regardé, se révèle une caractéristique très remarquable, dont nous nous préoccuperons encore plus en détail à propos de l'aberration qui va suivre. Dans ce cas, le but sexuel se présente en effet sous une double forme, *active* et *passive*.

La force qui s'oppose au plaisir scopique et qui peut éventuellement être supplantée par elle est la *pudeur* [a] (comme précédemment le dégoût).

SADISME ET MASOCHISME

La plus fréquente et la plus significative de toutes les perversions, le penchant à infliger de la douleur à l'objet sexuel et sa contrepartie, a été nommée par von Krafft-Ebing *sadisme* et *masochisme*, en fonction de ses deux formes active et passive. D'autres auteurs [b] préfèrent le terme plus restreint d'*algolagnie* qui met l'accent sur le plaisir procuré par la douleur, sur la cruauté, alors que la dénomination choisie par von Krafft-Ebing met au premier plan le plaisir procuré par toute espèce d'humiliation ou d'asservissement.

1. [*Ajouté en 1920* :] Cette perversion – comme la plupart des autres – révèle à l'analyse une variété inattendue de motifs et de significations. La compulsion à l'exhibition, par exemple, dépend elle aussi étroitement du complexe de castration ; elle affirme sans relâche l'intégrité de l'organe génital (masculin) de l'intéressé et répète la satisfaction infantile devant l'absence de membre de l'organe féminin.

a. *« Scham »* : la pudeur mais aussi la honte. C'est dans la mesure où Freud insiste, comme on le verra encore p. 99 et 101, sur sa valeur d'« inhibition » ou de « digue » psychique, plutôt que sur la sensation elle-même, que nous avons opté pour le premier de ces deux sens. Ajoutons qu'en allemand : « *Schamteile* » a le sens de parties sexuelles (honteuses).

b. Cf., par exemple, Schrenck-Notzing (1899).

En ce qui concerne l'algolagnie active, le sadisme, ses racines dans la normalité sont faciles à mettre en évidence. La sexualité de la plupart des hommes comporte une adjonction [a] d'*agression,* de penchant à forcer les choses, dont la signification biologique pourrait résider dans la nécessité de surmonter la résistance de l'objet sexuel autrement encore qu'en lui *faisant la cour.* Le sadisme correspondrait alors à une composante agressive de la pulsion sexuelle devenue autonome, hypertrophiée et propulsée par déplacement en position principale [b]. 57

Dans le langage courant, le concept de sadisme varie de la désignation d'une attitude simplement active envers l'objet sexuel, puis d'une conduite violente, jusqu'à celle de la liaison exclusive de la satisfaction à l'asservissement de l'objet et aux sévices qui lui sont infligés. À strictement parler, seul ce cas extrême mérite le nom de perversion.

De la même façon, le terme de masochisme englobe toutes les attitudes passives adoptées face à la vie sexuelle et à l'objet sexuel, dont la plus extrême paraît être la liaison de la satisfaction à la souffrance physique ou psychique endurée de la part de l'objet sexuel. Le masochisme, en tant que perversion, semble s'éloigner davantage du but sexuel normal que sa contrepartie; il convient avant tout de se demander s'il apparaît jamais de façon primaire ou si, bien plutôt, il ne naît pas régulièrement

a. « *Beimengung.* »

b. Dans les éditions de 1905 et 1910, le paragraphe était suivi de ces deux phrases : « On peut dégager de façon tout aussi certaine au moins une des racines du masochisme. Celle-ci provient de la surestimation sexuelle, en tant que conséquence psychique nécessaire du choix d'un objet sexuel. » Elles furent supprimées en 1915 et remplacées par les deux paragraphes qui suivent.

du sadisme, par le biais d'une transformation [1]. Il est souvent possible de constater que le masochisme n'est rien d'autre qu'une continuation du sadisme, qui se retourne contre la personne propre, laquelle prend ainsi
58 d'emblée la place de l'objet sexuel. L'analyse clinique de cas extrêmes de perversion masochiste met en évidence la collaboration d'un grand nombre de facteurs qui exagèrent et fixent l'attitude sexuelle passive originelle (complexe de castration, sentiment de culpabilité).

La douleur qui, en la circonstance, est surmontée, s'aligne sur le dégoût et la pudeur dont nous avons vu qu'ils s'opposaient à la libido en tant que résistances [a].

Sadisme et masochisme occupent une position particulière au sein des perversions, dans la mesure où l'opposition entre activité et passivité qui en constitue le fondement fait partie des caractères généraux de la vie sexuelle.

Que cruauté et pulsion sexuelle entretiennent les liens les plus intimes, c'est ce que l'histoire des civilisations humaines nous apprend par-delà tout doute possible, mais on n'est pas parvenu, dans l'explication de cette connexion, à aller au-delà de la mise en relief du facteur agressif de la libido. D'après quelques auteurs, cette

1. [*Ajouté en 1924* :] Des réflexions plus récentes, qui ont trouvé un appui dans certaines hypothèses sur la structure de l'appareil psychique et les types de pulsions qui agissent en lui, ont profondément modifié mon opinion sur le masochisme. J'ai été conduit à admettre un masochisme *primaire – érogène* –, à partir duquel se développent deux formes plus tardives, le masochisme *féminin* et le masochisme *moral*. Du retournement contre la personne propre du sadisme inemployé dans l'existence, naît un masochisme *secondaire*, qui s'additionne au primaire (cf. « Le problème économique du masochisme », 1924 *c*).

a. Ce court paragraphe figurait déjà dans la première édition (1905); les deux précédents, ainsi que le suivant, ne furent ajoutés qu'en 1915.

agression qui s'ajoute en se mêlant [a] à la pulsion sexuelle est en fait un reste d'appétits [b] cannibaliques, autrement dit une contribution de l'appareil d'emprise [c], lequel sert à la satisfaction de l'autre grand besoin, plus ancien du point de vue ontogénétique [1]. Il a également été affirmé que toute douleur contenait en soi la possibilité d'une sensation de plaisir. En ce qui nous concerne, nous nous contenterons de l'impression qu'aucune explication satisfaisante de cette perversion n'a été donnée et que, vraisemblablement, plusieurs tendances psychiques s'unissent ici pour produire un seul effet [2].

Mais la particularité la plus frappante de cette perversion réside dans le fait que sa forme active et sa forme passive se rencontrent régulièrement de façon conjointe chez la même personne. Celui qui, dans la relation sexuelle, éprouve du plaisir à causer de la
douleur à autrui, celui-là est aussi capable de jouir 59
comme d'un plaisir de la douleur que lui procurent les rapports sexuels. Un sadique est toujours en même temps un masochiste, même si le côté actif ou passif de la perversion peut être plus fortement développé

1. [*Ajouté en 1915* :] Voir plus bas [p. 127 et s.] le passage sur les phases prégénitales du développement sexuel, dans lequel ce point de vue est confirmé.

2. [*Ajouté en 1924* :] Les recherches mentionnées précédemment [cf. note 1, p. 70] conduisent à assigner au couple d'opposés sadisme-masochisme une position particulière, fondée sur l'origine de la pulsion, par laquelle ce couple se démarque de la série des autres « perversions ».

a. ...« *diese dem Sexualtrieb beigemengte Aggression* » : *beimengen* et *beimischen* sont synonymes et signifient ajouter, mélanger, ce qui nous conduit à voir dans ce passage une première formulation de ce qui deviendra plus tard (cf. *Le moi et le ça*, 1923 *b*) la « *Triebmischung* » : l'union, l'intrication pulsionnelle.

b. « *Gelüste.* »

c. « *Bemächtigungsapparat.* »

chez lui et constituer son activité sexuelle prédominante [1].

Nous voyons ainsi régulièrement apparaître sous forme de *couples d'opposés* [a] certains penchants pervers, ce qui, compte tenu du matériel qui va être apporté par la suite, peut prétendre à une signification théorique importante [2]. Il est clair, en outre, que l'existence du couple d'opposés sadisme-masochisme ne peut être déduite sans réserve ni condition de l'adjonction d'agression. On serait tenté, au contraire, de mettre cette présence simultanée d'opposés en rapport avec l'opposition du masculin et du féminin réunis dans la bisexualité [b], qu'il faut souvent remplacer, en psychanalyse, par celle d'actif et de passif.

3. GÉNÉRALITÉS CONCERNANT L'ENSEMBLE DES PERVERSIONS

VARIATION ET MALADIE

Les médecins, qui ont d'abord étudié les perversions à partir d'exemples saillants et dans des conditions spéciales, ont eu naturellement tendance, tout comme dans le cas de l'inversion, à les considérer comme des signes de maladie ou de dégénérescence.

1. Plutôt que de fournir de nombreuses références pour étayer cette affirmation, je me contenterai de citer un passage de Havelock Ellis (1903) : « Tous les cas connus de sadisme et de masochisme, même ceux qui sont cités par von Krafft-Ebing, présentent en permanence (comme Colin Scott et Féré l'ont déjà démontré) des traces des deux groupes de manifestations chez un seul et même individu. »

2. [*Ajouté en 1915* :] Cf. ce que nous dirons plus loin à propos de l'« ambivalence » [p. 129 et s.].

a. *« Gegensatzpaare. »*

b. Dans les deux premières éditions, le paragraphe se terminait ici. En 1915, Freud y ajoute la proposition suivante : « ..., dont la signification en psychanalyse se réduit à l'opposition entre actif et passif ». La formulation finale date de 1924.

Il est cependant plus facile de rejeter cette conception dans ce cas que dans l'autre. L'expérience quotidienne a montré que la plupart de ces transgressions, en tout cas les moins graves d'entre elles, forment un élément rarement absent de la vie sexuelle des bien-portants et que ceux-ci leur accordent la même valeur qu'aux autres intimités. À la faveur des circonstances, l'individu normal peut aussi, 60
pendant tout un temps, substituer une perversion de ce genre au but sexuel normal, ou lui ménager une place à côté de celui-ci. Aucun bien-portant ne laisse probablement de joindre au but sexuel normal un supplément quelconque, qu'on peut qualifier de pervers, et ce trait général suffit en lui-même à dénoncer l'absurdité d'un emploi réprobateur du terme de perversion. C'est précisément dans le domaine de la vie sexuelle que l'on se heurte à des difficultés particulières, à vrai dire insolubles tant qu'on veut établir une démarcation nette entre les simples variations à l'intérieur du champ physiologique et les symptômes morbides.

Dans nombre de ces perversions, la qualité du nouveau but sexuel est toutefois de nature à requérir un examen particulier. Certaines d'entre elles s'éloignent, quant à leur contenu, tellement de la normale, que nous ne pouvons éviter de les déclarer « pathologiques »; en particulier celles dans lesquelles la pulsion sexuelle accomplit, en surmontant les résistances (pudeur, dégoût, horreur, douleur), des performances étonnantes (lécher des excréments, violer des cadavres). Pourtant, même dans ces cas, on ne peut s'attendre avec certitude à retrouver régulièrement dans les coupables des personnes atteintes d'anomalies graves d'une autre espèce ou des malades mentaux. Là encore, on ne peut aller au-delà du fait que des personnes dont le comportement, en d'autres circonstances, est normal, se rangent dans le seul domaine sexuel, sous l'empire de la plus indocile des pulsions, dans la catégorie des malades. En revanche, une anomalie manifeste dans d'autres relations de la vie révèle à chaque fois en arrière-plan une conduite sexuelle anormale.

Dans la plupart des cas, le caractère pathologique de
la perversion ne se découvre pas dans le contenu du
nouveau but sexuel, mais dans le rapport de celui-ci avec
la normale. Quand la perversion ne surgit pas *à côté* de
61 la normale (but et objet sexuels), à un moment où les
circonstances favorisent la première et font obstacle à la
seconde, mais quand elle a refoulé et remplacé la normale
en toutes circonstances, alors nous trouvons – dans l'*exclusivité* et dans la *fixation*, par conséquent, de la perversion – ce qui nous autorise généralement à la considérer comme un symptôme pathologique.

LE FACTEUR PSYCHIQUE DANS LES PERVERSIONS

C'est peut-être précisément dans le cas des perversions les plus abominables qu'il faut admettre que la participation psychique à la transformation de la pulsion sexuelle est la plus large. Une part de travail psychique est accomplie en cette occasion et, malgré son affreux résultat, il est impossible de lui dénier la valeur d'une idéalisation de la pulsion. La toute-puissance de l'amour ne se manifeste peut-être jamais plus fortement que dans ses égarements. Dans le domaine de la sexualité, les choses les plus élevées et les plus viles sont partout liées les unes aux autres de la façon la plus intime *(« vom Himmel durch die Welt zur Hölle* [a] *»).*

a. *« Du ciel – à travers le monde – jusqu'à l'enfer. »* (Goethe, *Faust,* Prélude au théâtre.) Dans une lettre à Fliess (54, du 3.1.1897) Freud

DEUX RÉSULTATS L'étude des perversions nous a révélé que la pulsion sexuelle doit lutter contre certaines forces psychiques qui agissent en tant que résistances, parmi lesquelles la pudeur et le dégoût ont émergé avec le plus de netteté. Il est permis de supposer que ces forces participent à la relégation de la pulsion à l'intérieur des limites estimées normales, et, si elles se sont développées plus tôt dans l'individu, avant que la pulsion sexuelle n'ait acquis toute sa vigueur, alors ce sont probablement elles qui auront tracé la voie de son développement [1].

Nous avons remarqué ensuite que certaines des perversions examinées ne peuvent être comprises que si l'on admet la convergence de plusieurs motifs. Si elles sont accessibles à l'analyse – à la décomposition –, il faut qu'elles aient la nature d'un assemblage. Ceci nous indique 62
que la pulsion sexuelle elle-même n'est peut-être pas faite d'une seule pièce, mais qu'elle est assemblée à partir de composantes qui se détachent à nouveau d'elle dans les perversions. La clinique aurait ainsi attiré notre attention sur des *fusions* qu'on ne remarque plus dans l'uniformité de la conduite normale [2].

envisageait déjà de mettre cette citation en exergue d'un chapitre sur la sexualité dans un ouvrage qu'il projetait d'écrire [1950 *a*]. On sait par ailleurs (cf. le manuscrit K, du 1.1.1896) qu'il avait commencé à s'intéresser aux perversions dès 1896.

1. [*Ajouté en 1915* :] Il faut, d'autre part, envisager aussi ces forces qui endiguent le développement sexuel – dégoût, pudeur et moralité – comme des sédiments historiques des inhibitions externes auxquelles la pulsion sexuelle a été soumise au cours de la psychogenèse de l'humanité. On observe que, dans le développement de l'individu, elles apparaissent au moment voulu, comme spontanément, au signal de l'éducation et des différentes influences.

2. [*Ajouté en 1920* :] Je remarque, en anticipant sur la question de la genèse des perversions, que l'on a des raisons d'admettre qu'il existait avant leur fixation, tout comme dans le cas du fétichisme, une amorce de développement sexuel normal. L'investigation analytique a pu mon-

4. LA PULSION SEXUELLE CHEZ LES NÉVROSÉS

LA PSYCHANALYSE Nous pouvons arriver à accroître considérablement notre connaissance de la pulsion sexuelle chez certaines personnes qui sont à tout le moins proches des normaux, grâce à une source qui n'est accessible qu'en empruntant une voie particulière. Il n'y a qu'un moyen d'obtenir des informations fouillées et qui ne risquent pas d'induire en erreur sur la vie sexuelle de ceux qu'on appelle les « psychonévrosés » (hystérie, névrose obsessionnelle, prétendue neurasthénie, certainement aussi démence précoce, paranoïa [a]), c'est de les soumettre à l'investigation psychanalytique utilisée dans le procédé thérapeutique introduit en 1893 par J. Breuer et par moi-même et appelé à l'époque traitement « cathartique ».

Il me faut dire d'abord, en répétant ce que j'ai écrit dans d'autres publications, que ces psychonévroses, aussi loin que porte mon expérience, reposent sur des forces pulsionnelles sexuelles. Je ne veux pas dire en cela simplement que l'énergie de la pulsion sexuelle apporte une contribution aux forces qui soutiennent les manifestations morbides (symptômes), mais je tiens à affirmer expressément que cet apport est le seul qui soit constant et

trer jusqu'à présent dans des cas isolés que la perversion est, elle aussi, le résidu d'une évolution vers le complexe d'Œdipe, après le refoulement duquel la composante la plus forte – en fonction de la prédisposition – de la pulsion sexuelle a émergé à nouveau.

a. Avant 1915, on pouvait lire à la place des cinq derniers mots : « probablement aussi la paranoïa ».

qu'il constitue la source d'énergie la plus importante de la névrose, à tel point que la vie sexuelle des personnes concernées se manifeste soit exclusivement, soit de façon prépondérante, soit seulement partiellement dans ces 63
symptômes. Les symptômes sont, ainsi que je l'ai déclaré ailleurs [1], l'activité sexuelle du malade. La preuve de cette affirmation m'a été fournie par un nombre qui ne cesse d'augmenter depuis vingt-cinq ans [a] de psychanalyses d'hystériques et d'autres névrosés, dont j'ai commenté largement dans le détail les résultats en d'autres endroits et dont je continuerai à rendre compte [2].

La psychanalyse élimine les symptômes des hystériques en partant de l'hypothèse que ceux-ci sont le substitut – la transcription, pour ainsi dire – d'une série de processus psychiques investis d'affect, de désirs et de tendances, qui, par le jeu d'un processus psychique particulier (le *refoulement*), se sont vu refuser l'accès à la réalisation en une activité psychique capable de devenir consciente. Ces formations de pensées, maintenues, par conséquent, en l'état de l'inconscient [b], aspirent à une expression proportionnelle à leur valeur d'affect, à une *décharge* [c], et la trouvent dans le cas de l'hystérie par le biais du processus de la *conversion* en phénomènes somatiques – par le biais, précisément, des symptômes hystériques. La reconversion conforme aux règles de l'art, menée à l'aide d'une technique particulière, des symp-

1. « Fragment d'une analyse d'hystérie », 1905 *e*, p. 15-16.

2. [*Ajouté en 1920* :] Je ne cherche qu'à compléter et non à atténuer cette affirmation, en la modifiant comme suit : Les symptômes nerveux reposent d'une part sur les revendications des pulsions libidinales, d'autre part sur l'opposition du moi, en réaction à ces dernières.

a. Ce chiffre varie évidemment selon les différentes éditions.

b. « *Im Zustande des Unbewussten.* »

c. « *Abfuhr.* »

tômes en représentations désormais conscientes et investies d'affect, nous met ainsi en mesure de saisir au plus près la nature et l'origine de ces formations psychiques auparavant inconscientes.

RÉSULTATS DE LA PSYCHANALYSE

Il a été ainsi mis en évidence que les symptômes représentent le substitut de tendances qui puisent leur force à la source de la pulsion sexuelle. Ceci concorde à merveille avec ce que nous savons sur le caractère des hystériques – l'hystérie étant prise ici comme modèle de toutes les psychonévroses –
64 avant que leur maladie ne se déclare et sur les causes qui ont entraîné la maladie. Le caractère hystérique dénote : une part de *refoulement sexuel* qui dépasse la mesure normale; un accroissement des résistances à la pulsion sexuelle que nous connaissons bien, désormais, sous les noms de pudeur, de dégoût et de morale; une fuite quasi instinctive devant les préoccupations intellectuelles concernant les problèmes sexuels, laquelle a pour conséquence, dans les cas prononcés, d'entretenir une totale ignorance sexuelle même après que la maturité sexuelle a été atteinte [1].

Il n'est pas rare, lorsque l'observation est imparfaite, que ce trait de caractère essentiel de l'hystérie soit masqué par la présence du deuxième facteur constitutionnel de l'hystérie, à savoir le développement démesuré de la pulsion sexuelle; mais l'analyse psychologique s'entend à le découvrir à chaque fois et à résoudre l'énigme contradictoire posée par l'hystérie en y repérant le couple

1. *Études sur l'hystérie,* 1895 (Breuer et Freud). J. Breuer dit à propos de sa patiente, sur laquelle il a expérimenté pour la première fois le traitement cathartique : « Le facteur sexuel était étonnamment peu développé. » [Cf. chap. II, A, « Mademoiselle Anna O ».]

d'opposés constitué par un besoin sexuel excessif et un rejet exagéré de la sexualité.

Chez une personne disposée à l'hystérie, le facteur déclenchant de la maladie se présente lorsque, en raison de la progression de sa propre maturation ou sous l'effet de circonstances extérieures, elle se trouve sérieusement confrontée aux exigences réelles de la sexualité [a]. Entre la poussée de la pulsion et la résistance opposée par le refus de la sexualité, la maladie s'offre alors comme une issue, qui ne règle pas le conflit, mais qui cherche à y échapper en transformant les tendances libidinales en symptômes. Le cas d'une personne hystérique, un homme par exemple, qui tombe malade à la suite d'une émotion banale, d'un conflit dont le nœud n'est pas l'intérêt sexuel, ne constitue qu'une exception apparente. La psychanalyse est alors régulièrement en mesure de démontrer
que c'est la composante sexuelle du conflit qui a entraîné 65
la maladie en privant les processus psychiques de leur liquidation normale.

NÉVROSE ET PERVERSION

Une bonne part de l'opposition manifestée contre les idées que j'expose s'explique sans doute par le fait qu'on a assimilé la sexualité dont je fais dériver les symptômes psychonévrotiques à la pulsion sexuelle normale. Mais les enseignements de la pyschanalyse vont plus loin encore. Elle montre que les symptômes ne naissent en aucun cas seulement aux dépens de la pulsion sexuelle dite *normale* (du moins pas exclusivement ni de façon prépondérante), mais qu'ils constituent l'expression convertie de pulsions que l'on qualifierait de *perverses* (au sens le plus large), si elles pouvaient,

a. « *Die reale Sexualforderung.* »

sans être détournées de la conscience, s'exprimer directement dans des fantasmes ou dans des actes. Les symptômes se forment donc en partie aux dépens d'une sexualité *anormale*; *la névrose est pour ainsi dire le négatif de la perversion* [1].

La pulsion sexuelle des psychonévrosés permet de reconnaître toutes les aberrations que nous avons étudiées en tant que variations d'une vie sexuelle normale et manifestations d'une vie sexuelle pathologique.

a) On trouve dans la vie psychique inconsciente de tous les névrosés (sans exception) des motions d'inversion, une fixation de la libido à des personnes du même sexe. Il n'est pas possible, sans discussion approfondie, d'apprécier à sa juste valeur l'importance de ce facteur dans la constitution du tableau clinique; je peux seulement certifier que le penchant inconscient à l'inversion n'est jamais absent et qu'il rend notamment les plus grands services lorsqu'il s'agit d'expliquer l'hystérie masculine [2].

1. [Cette idée, ébauchée dans les lettres à Fliess du 6.12.1896 et du 11.1.1897 (52 et 55), figure déjà en ces termes dans la lettre 57 du 24.1.1897 (Freud, 1950 *a*). On la retrouve également dans « Fragment d'une analyse d'hystérie », 1905 *e*, p. 36]. Les fantasmes clairement conscients des pervers, qui, dans des circonstances propices, sont convertis en dispositifs, les craintes délirantes des paranoïaques, qui sont projetées sur d'autres dans un sens hostile et les fantasmes inconscients des hystériques, que l'on découvre derrière leurs symptômes grâce à la psychanalyse, coïncident en leur contenu jusque dans les moindres détails.

2. La psychonévrose s'associe également très souvent avec l'inversion manifeste, auquel cas le courant hétérosexuel aura été la victime d'une répression totale. – Je ne fais que rendre justice à celui qui m'a mis sur la voie, en rappelant que ce n'est qu'après les révélations privées de W. Fliess à Berlin que mon attention a été attirée sur la nécessaire universalité du penchant à l'inversion chez les psychonévrosés, après que j'eus moi-même découvert ce penchant dans des cas isolés. – [*Ajouté en 1920* :] Ce fait qui n'a pas été apprécié à sa juste valeur devrait influencer de façon décisive toutes les théories de l'homosexualité.

b) Chez les psychonévrosés, tous les penchants aux 66
transgressions anatomiques peuvent, en tant qu'agents de la formation de symptômes, être retrouvés dans l'inconscient; parmi ceux-ci, on notera la fréquence et l'intensité particulière de ceux qui assignent aux muqueuses buccale et anale un rôle de zone génitale.

c) Parmi les agents de la formation de symptômes dans les psychonévroses, les pulsions partielles [a], qui apparaissent le plus souvent sous forme de couples d'opposés et dont nous savons déjà qu'elles président à l'avènement de nouveaux buts sexuels, à savoir : la pulsion du plaisir scopique et de l'exhibition et la pulsion de cruauté dans ses formes active et passive, jouent un rôle tout à fait remarquable. L'appoint constitué par la seconde nommée est indispensable pour comprendre la nature de la souffrance dans les symptômes et régit presque invariablement une partie de la conduite sociale du malade. C'est aussi par le truchement de cette liaison de la libido et de la cruauté que s'effectue la transformation de l'amour en haine, de motions tendres en motions hostiles, caractéristique de toute une série de cas névrotiques et même, semble-t-il, de la paranoïa dans son ensemble.

L'intérêt de ces résultats est encore accru si l'on envisage certaines particularités de la question [b].

α) Lorsqu'on découvre dans l'inconscient une pulsion susceptible de se coupler avec une pulsion opposée, on

a. « *Partialtriebe.* » Il s'agit, semble-t-il, de la première apparition du terme dans l'œuvre de Freud.

b. Les trois premières éditions énuméraient trois de ces particularités. La première, qui disparut à partir de 1920, était la suivante : « On ne trouve rien, dans les trains de pensées inconscientes des névrosés, qui corresponde à un penchant au fétichisme; c'est là un fait susceptible de jeter la lumière sur la singularité psychologique de cette perversion bien comprise. »

parvient régulièrement à vérifier que cette dernière est elle aussi en action. Toute perversion « active » s'accompagne donc ici de son pendant passif; celui qui, dans l'inconscient, est exhibitionniste, est en même temps *voyeur* [a]; celui qui souffre des conséquences du refoulement de motions sadiques trouve dans son penchant masochiste une autre source pour alimenter ses symptômes. La concordance parfaite avec ce que l'on observe dans les perversions « positives » correspondantes est assu-
67 rément très intéressante. Dans le tableau clinique, cependant, l'un ou l'autre des penchants opposés tient le rôle majeur.

β) Dans les cas particulièrement accentués de psychonévrose, il est rare qu'une de ces pulsions perverses soit seule à se développer; elles apparaissent le plus souvent en assez grand nombre et, en règle générale, on peut trouver des traces de chacune d'entre elles; néanmoins, l'intensité de chaque pulsion est indépendante du degré de développement des autres. Là encore, l'étude des perversions « positives » nous fournit l'exacte contrepartie de ce phénomène.

5. PULSIONS PARTIELLES ET ZONES ÉROGÈNES [b]

Si nous réunissons ce que nous a appris l'étude des perversions positives et négatives, il nous est facile de

a. En français dans le texte.

b. Cette expression, héritière des « zones hystérogènes » de Charcot, est déjà présente chez Binet et Féré, *Le magnétisme animal,* 1881, p. 112. Elle apparaît pour la première fois sous la plume de Freud dans sa lettre 52 à Fliess, du 6.12.1896 (1950 *a*).

les ramener à une série de « pulsions partielles », qui ne sont cependant pas des éléments primaires, mais peuvent être décomposées à leur tour [a]. Par « pulsion », nous ne pouvons, de prime abord, rien désigner d'autre que la représentance psychique [b] d'une source endosomatique de stimulations, s'écoulant de façon continue, par opposition à la « stimulation [c] », produite par des excitations [d] sporadiques et externes. La pulsion est donc un des concepts de la démarcation entre le psychique et le somatique. L'hypothèse la plus simple et la plus commode sur la nature des pulsions serait qu'elles ne possèdent aucune qualité par elles-mêmes, mais qu'elles ne doivent être considérées que comme mesure du travail demandé à la vie psychique. Ce qui différencie les pulsions les unes des autres en les dotant de propriétés spécifiques est leur rapport à leurs *sources* somatiques et à leurs *buts*. La

a. Toute la suite de ce paragraphe date de 1915, autrement dit de l'époque où Freud publiait *Pulsions et destins des pulsions* (1915 *c*). Dans les éditions de 1905 et de 1910, cette première phrase était suivie de : « À côté d'une " pulsion " qui n'est pas sexuelle en soi, mais qui procède de sources motrices d'impulsion, on distingue dans les pulsions partielles la contribution d'un organe qui reçoit les stimuli (peau, muqueuse, organe des sens). Ce dernier doit être désigné ici comme *zone érogène*, en tant qu'il est l'organe dont l'excitation confère à la pulsion son caractère sexuel. »

b. *« Psychische Repräsentanz. »*

c. *« Reiz. »*

d. *« Erregungen. »* Les deux termes de *« Reiz »* et d'*« Erregung »* sont habituellement rendus de manière uniforme par les traducteurs français par « excitation ». En revanche, la *Standard Edition* s'efforce de les distinguer en traduisant *« Reiz »* par stimulus ou stimulation et *« Erregung »* par excitation. Ce choix est du reste conforme au sens habituel de ces mots dans la langue allemande, dans laquelle *« Reiz »* désigne l'excitant, ce qui produit, de l'extérieur, l'excitation et *« Erregung »* le changement d'état produit. C'est pourquoi nous avons repris cette distinction, qui nous paraît correspondre dans l'ensemble au sens de ces termes dans l'œuvre de Freud, même si elle peut paraître quelquefois forcée par rapport au contexte.

source de la pulsion est un processus excitateur dans un organe, et le but immédiat de la pulsion consiste à supprimer cette stimulation d'organe [1].

68 Selon une autre hypothèse provisoire de la théorie des pulsions, que nous ne pouvons éluder, les organes du corps délivrent des excitations de deux sortes, qui se différencient en fonction de leur nature chimique. Nous qualifierons l'une de ces sortes d'excitation de spécifiquement sexuelle et l'organe correspondant de *« zone érogène »* de la pulsion sexuelle partielle qui en émane [2].

Dans le cas des penchants pervers qui attribuent une signification sexuelle à la cavité buccale et à l'orifice anal, le rôle de la zone érogène est directement évident. Celle-ci se comporte à tous égards comme un élément de l'appareil sexuel. Dans l'hystérie, ces lieux du corps et leur tractus muqueux sont le siège de nouvelles sensations et de modifications de l'innervation – voire de processus comparables à celui de l'érection [a] – de la même manière, quasiment, que les organes génitaux proprement dits sous l'effet des excitations des processus sexuels normaux.

Parmi les psychonévroses, l'importance des zones érogènes comme appareils génitaux secondaires et comme substituts des parties génitales apparaît le plus nettement dans l'hystérie, ce qui ne permet toutefois pas d'affirmer qu'elle soit moindre dans les autres formes d'affection.

1. [*Ajouté en 1924 :*] La théorie des pulsions est la partie la plus importante mais aussi la plus incomplète de la théorie psychanalytique. Dans mes travaux ultérieurs (*Au-delà du principe de plaisir,* 1920*g*, *Le moi et le ça,* 1923*b*), j'ai apporté de nouvelles contributions à la théorie des pulsions.

2. [*Ajouté en 1915 :*] Il n'est pas facile de justifier ici ces hypothèses, tirées de l'étude d'une certaine classe d'affections névrotiques. Mais, d'un autre côté, il devient impossible de dire quoi que ce soit de valable sur les pulsions si l'on s'abstient d'évoquer ces présuppositions.

a. Les termes entre tirets ont été ajoutés en 1920.

Elle y est seulement plus difficile à reconnaître, car dans ces cas (névrose obsessionnelle, paranoïa) la formation de symptômes s'accomplit dans des régions de l'appareil psychique qui sont plus éloignées des différents centres du contrôle corporel. Dans la névrose obsessionnelle, c'est l'importance des impulsions qui créent de nouveaux buts sexuels et qui paraissent indépendantes des zones érogènes, qui est la plus frappante. Néanmoins, dans le plaisir de regarder-et-de-s'exhiber [a], l'œil correspond à une zone érogène, tandis que, dans le cas de composantes 69
de la pulsion sexuelle comme la douleur et la cruauté, c'est la peau qui tient ce rôle; la peau qui, en certains endroits du corps, s'est différenciée en organes des sens et s'est transformée en muqueuse, autrement dit, la zone érogène κατ' ἐξοχήν [1].

1. [« Par excellence. »] On ne manquera pas de penser ici à la construction de Moll, qui décompose la pulsion sexuelle en pulsion de contrectation et de détumescence. La contrectation désigne un besoin de contact épidermique. [A. Moll (1898) identifiait la pulsion de détumescence à un besoin de décharge spasmodique de la tension des organes sexuels et la pulsion de contrectation à un besoin de contact (physique mais aussi mental) avec autrui. Selon lui, cette dernière apparaissait après la pulsion de détumescence dans le développement individuel. (Voir aussi plus bas, note a, p. 103.) – Dans les éditions de 1905 et 1910, cette note se poursuivait ainsi : « Strohmayer a très justement déduit d'un de ses cas que les reproches obsédants adressés à soi-même provenaient de motions sadiques réprimées. »]

a. *« Schau-und Exhibitionslust. »* En raison de la coordination des deux composés, il n'a pas été possible de maintenir la traduction de *« Schaulust »* par « plaisir scopique ». Cf. note a, p. 67.

6. EXPLICATION DE L'APPARENTE PRÉDOMINANCE DE LA SEXUALITÉ PERVERSE DANS LES PSYCHONÉVROSES

Les discussions qui précèdent ont peut-être montré la sexualité des psychonévrosés sous un faux jour. Tout est présenté comme si, en fonction de leur prédisposition, les psychonévrosés se rapprochaient considérablement des pervers et s'éloignaient d'autant, en revanche, des normaux. Il est bien possible, après tout, que la prédisposition constitutionnelle de ces malades implique, en dehors d'un degré excessif de refoulement sexuel et de l'intensité démesurée de leur pulsion sexuelle, un penchant inhabituel à la perversion au sens le plus large du terme; seulement, l'investigation de cas plus légers révèle que cette dernière hypothèse ne s'impose pas nécessairement ou du moins qu'il convient, dans l'appréciation des effets pathologiques, de décompter l'influence d'un facteur. Chez la plupart des psychonévrosés, la maladie ne se déclare qu'après la puberté, en raison des exigences de la vie sexuelle normale. C'est avant tout contre cette dernière que se dirige le refoulement. Ou bien la maladie survient plus tard, lorsque la satisfaction par la voie normale est refusée à la libido. Dans les deux cas, la libido se comporte comme un fleuve dont le lit principal est obstrué; elle envahit les canaux collatéraux qui, jusque-
70 là, étaient peut-être restés vides. C'est ainsi, également, que le penchant à la perversion apparemment si prononcé (quoique négatif) des psychonévrosés peut être déterminé

– et doit, en tout cas, être renforcé – de façon collatérale. Le fait est qu'il nous faut raccorder le refoulement sexuel, en tant que facteur interne, à ces facteurs externes qui, comme la restriction de la liberté, l'inaccessibilité de l'objet sexuel normal, les dangers de l'acte sexuel normal, etc., font naître des perversions chez des individus qui, sans cela, seraient peut-être restés normaux.

Il se peut que les choses varient, à cet égard, selon les différents cas de névrose, que le facteur déterminant soit tantôt la force innée du penchant pervers, tantôt le renforcement collatéral de ce penchant lorsque la libido est poussée à se détourner des buts et objets sexuels normaux. Il serait erroné de construire une opposition là où il y a une relation de coopération. La névrose produira ses plus grands effets à chaque fois que la constitution et le vécu collaboreront dans le même sens. Une constitution accentuée pourra éventuellement se passer du soutien des impressions de l'existence, et un choc important dans l'existence sera peut-être suffisant pour déclencher la névrose même chez un individu de constitution moyenne. Au demeurant, ces conceptions s'appliquent également à la portée étiologique de l'inné et du vécu accidentel dans d'autres domaines.

Si l'on incline en faveur de l'hypothèse selon laquelle un penchant aux perversions particulièrement développé fait malgré tout partie des caractéristiques de la constitution psychonévrotique, on sera en situation de distinguer une multiplicité de constitutions de ce genre, en fonction de la prépondérance innée de telle ou telle zone érogène, de telle ou telle pulsion partielle. La question de savoir s'il existe une relation particulière entre la disposition perverse et le choix de l'affection n'a, comme tant d'autres points dans ce domaine, pas encore été examinée.

7. NOTE SUR L'INFANTILISME
71
DE LA SEXUALITÉ

En démontrant le rôle des motions perverses comme agents de la formation de symptômes dans les psychonévroses, nous avons augmenté de façon tout à fait extraordinaire le nombre des humains susceptibles d'être comptés parmi les pervers. Ce n'est pas seulement que les névrosés eux-mêmes constituent une classe très nombreuse, mais il faut aussi considérer que les névroses s'estompent le long d'une chaîne ininterrompue qui va de leurs diverses manifestations à la santé ; moyennant quoi Moebius a pu dire à juste titre : nous sommes tous un peu hystériques. C'est ainsi que la propagation extraordinaire des perversions nous oblige à admettre que la prédisposition aux perversions n'est pas, elle non plus, un trait exceptionnel, mais qu'elle est un élément de ce que l'on tient pour la constitution normale.

Nous avons vu que l'on pouvait disputer du point de savoir si les perversions tirent leur origine de conditions innées ou si elles sont engendrées, ainsi que Binet l'a admis pour le fétichisme [a], par des expériences vécues fortuites. Nous sommes à présent en mesure de conclure qu'il y a en effet quelque chose d'inné à la base des perversions, mais quelque chose *que tous les hommes ont en partage* et qui, en tant que prédisposition, est suscep-

a. Cf. p. 64.

tible de varier dans son intensité et attend d'être mis en relief par les influences de l'existence. Il s'agit de racines innées de la pulsion sexuelle, inhérentes à la constitution, qui, dans une série de cas (perversions), se développent et deviennent les véritables véhicules de l'activité sexuelle et qui, à d'autres moments, sont l'objet d'une répression (refoulement) insuffisante, de sorte qu'elles peuvent, sous forme de symptômes morbides, attirer par des voies détournées une portion considérable de l'énergie sexuelle, tandis que dans les cas les plus favorables, elles laisseront place entre les deux extrêmes à la vie sexuelle dite normale, moyennant une restriction efficace et toute autre forme d'élaboration.

Nous ajouterons cependant que la constitution présumée, qui contient les germes de toutes les perversions, ne peut être mise en évidence que chez l'enfant, même 72
si toutes les pulsions ne peuvent se manifester chez lui qu'avec une faible intensité. Puisque la formule selon laquelle les névrosés sont restés à l'état infantile de leur sexualité ou ont été ramenés à cet état commence à se dessiner dans notre esprit, notre intérêt se tournera vers la vie sexuelle de l'enfant et nous aurons à cœur de suivre le jeu des influences qui gouvernent le procès évolutif de la sexualité infantile jusqu'à son aboutissement sous forme de perversion, de névrose ou de vie sexuelle normale.

II

LA SEXUALITÉ INFANTILE

NÉGLIGENCE DE L'INFANTILE

C'est un élément de la conception populaire de la pulsion sexuelle que de croire que celle-ci est absente durant l'enfance et ne s'éveille qu'au cours de la période de la vie désignée par le terme de puberté. Pourtant, ce n'est pas là seulement une simple erreur, mais bien une erreur lourde de conséquences, car c'est à elle, principalement, que nous devons notre ignorance actuelle des conditions fondamentales de la vie sexuelle. Une étude approfondie des manifestations sexuelles durant l'enfance aurait probablement pour effet de nous dévoiler les traits essentiels de la pulsion sexuelle, de nous révéler son développement et de nous montrer son assemblage à partir de différentes sources.

Il est remarquable que les auteurs qui ont travaillé à l'explication des particularités et des réactions de l'individu adulte aient accordé tellement plus d'attention à la préhistoire constituée par la vie des ancêtres, à savoir : l'hérédité, et lui aient attribué tellement plus d'influence qu'à l'autre préhistoire qui figure déjà dans l'existence individuelle, à savoir : l'enfance. On pourrait penser en effet que l'influence de cette période de la vie est plus facile à comprendre et qu'elle a droit d'être prise en

compte avant l'hérédité [1]. Il est vrai qu'on trouve, dans la littérature, quelques notes sur l'activité sexuelle pré-
74 coce chez de petits enfants, sur les érections, la masturbation et même sur des pratiques comparables au coït, mais qui ne sont jamais présentées que comme des phénomènes exceptionnels, des curiosités ou des exemples effrayants de dépravation précoce. Aucun auteur, à ma connaissance, n'a clairement reconnu la régularité d'une pulsion sexuelle durant l'enfance, et dans les écrits, nombreux à présent, sur le développement de l'enfant, le chapitre « Développement sexuel » est le plus souvent omis [2].

1. [*Ajouté en 1915* :] Il n'est d'ailleurs pas possible de reconnaître la part exacte de l'hérédité, avant d'avoir apprécié celle qui revient à l'enfance.

2. L'affirmation reproduite ici m'a paru à moi-même après coup si osée, que j'ai entrepris de la vérifier par un nouvel examen de la littérature. Le résultat de cette vérification fut que je la laissai telle quelle. L'étude scientifique des phénomènes corporels comme des phénomènes psychiques de la sexualité en est à ses balbutiements. Un auteur, S. Bell (1902, 327), déclare : *« I know of no scientist, who has given a careful analysis of the emotion as it is seen in the adolescent. »* – Les manifestations sexuelles somatiques antérieures à la puberté n'ont attiré l'attention que dans leurs rapports avec des phénomènes de dégénérescence et en tant que signes de dégénérescence. – Il manque un chapitre sur la vie amoureuse des enfants dans toutes les descriptions de la psychologie de cet âge que j'ai lues, ainsi dans les ouvrages bien connus de Preyer [1882], Baldwin (1895), Pérez (1886), Strümpell (1899), Karl Groos (1904), Th. Heller (1904), Sully (1895), etc. La revue *Die Kinderfehler* (à partir de 1896) nous donne le meilleur aperçu de l'état actuel des recherches dans ce domaine. – On acquiert cependant la conviction que l'existence de l'amour chez l'enfant n'a plus à être découverte, Pérez (1886, [272 s.]) la défend; K. Groos (1899) mentionne comme un fait universellement connu « que certains enfants sont déjà accessibles très tôt à des motions sexuelles et qu'ils ressentent vis-à-vis de l'autre sexe une exigence pressante [*« Drang nach »*] d'attouchements » (p. 326). Le cas le plus précoce d'apparition de motions amoureuses sexuelles *(sex-love)*, dans la série d'observations de S. Bell (1902, 330) concernait un enfant au milieu de sa troisième année. –

AMNÉSIE INFANTILE Je cherche la raison de cette curieuse 75
négligence, d'une part dans les réserves conventionnelles qu'observent les auteurs du fait de leur éducation, d'autre part dans un phénomène psychique qui s'est lui-même soustrait jusqu'à présent à l'explication. J'entends par là la singulière *amnésie* qui dissimule à la plupart des hommes (pas à tous!) les six ou huit premières années de leur enfance. Il ne nous est pas encore venu à l'esprit de nous étonner de l'existence de cette amnésie; mais nous aurions de bonnes raisons de le faire. On nous rapporte en effet que pendant ces années, dont nous ne gardons plus tard en mémoire que quelques bribes de souvenirs incompréhensibles, nous avons réagi avec vivacité aux impressions, que nous étions capables d'exprimer à la manière humaine la douleur et la joie, que nous avons manifesté de l'amour, de la jalousie et d'autres passions qui nous agitaient violemment à cette époque, et même que nous avons émis des propos que les adultes ont retenus comme preuves de notre pénétration et de l'éveil de notre discernement. Or, une fois adultes, nous ne savons rien de tout cela par nous-mêmes. Comment se fait-il que notre mémoire reste tellement à la traîne par rapport à nos autres activités psychiques? Nous avons pourtant des raisons de croire qu'à aucune autre période de la vie elle ne sera mieux capable d'enregistrer et de

Sur ce point voir encore Havelock Ellis, *Psychologie sexuelle*, vol. III, 1903, appendice, II.

[*Ajouté en 1910* :] Le jugement qu'on vient de lire sur la littérature relative à la sexualité infantile n'a plus besoin d'être maintenu depuis la publication de l'œuvre imposante de Stanley Hall (1904). – Le livre récent de A. Moll (1909) ne fournit aucun motif pour une telle modification. Voir en revanche : Bleuler (1908). – [*Ajouté en 1915* :] Un livre de Mme le Dr H. von Hug-Hellmuth (1913) a apprécié depuis à sa juste mesure le facteur sexuel négligé jusque-là.

reproduire que précisément pendant les années d'enfance [1].

D'un autre côté, nous devons admettre, ou nous pouvons nous convaincre, par l'examen psychologique d'autrui, que ces mêmes impressions que nous avons oubliées n'en ont pas moins laissé les traces les plus profondes dans notre vie psychique et qu'elles sont devenues déterminantes pour tout notre développement ultérieur. Il ne peut donc en aucun cas s'agir d'une réelle disparition des impressions d'enfance, mais d'une
76 amnésie analogue à celle que nous observons chez les névrosés pour des événements vécus plus tardivement et dont la nature consiste en un simple maintien de ces impressions à l'écart de la conscience (refoulement). Mais quelles sont les forces qui engendrent ce refoulement des impressions d'enfance? Celui qui résoudrait cette énigme aurait sûrement élucidé du même coup l'amnésie hystérique.

Quoi qu'il en soit, nous n'oublierons pas de souligner que l'existence de l'amnésie infantile crée un nouveau point de comparaison entre l'état psychique de l'enfant et celui du psychonévrosé. Nous en avions déjà rencontré un autre précédemment, lorsque s'imposa à nous la formule selon laquelle la sexualité des psychonévrosés a conservé sa situation enfantine ou y a été ramenée. À moins qu'il ne faille, en fin de compte, mettre encore l'amnésie infantile elle-même en rapport avec les motions sexuelles de l'enfance!

Relier les amnésies infantile et hystérique n'est pas,

1. J'ai tenté de résoudre un des problèmes liés aux souvenirs d'enfance les plus précoces dans un essai : « Sur les souvenirs-écrans » (1899 *a*). [*Ajouté en 1924* :] Cf. *Psychopathologie de la vie quotidienne* (1901 *b*), chap. IV.

au demeurant, qu'un simple jeu de l'esprit. L'amnésie hystérique, qui est au service du refoulement, ne s'explique que par le fait que l'individu possède déjà un trésor de traces mnésiques qui sont soustraites à la disposition consciente et qui, dès lors, attirent à elles par liaison associative ce sur quoi agissent, du côté du conscient, les forces répulsives du refoulement [1]. On peut dire que, sans amnésie infantile, il n'y aurait pas d'amnésie hystérique.

Je crois dès lors que l'amnésie infantile, qui fait de l'enfance de chacun une sorte de passé *préhistorique* et qui lui dissimule les débuts de sa propre vie sexuelle, porte la responsabilité de ce que l'on n'accorde généralement pas d'importance à la période infantile dans le développement de la vie sexuelle. Un observateur isolé ne peut combler la lacune qui s'est ainsi créée dans notre 77
savoir. J'ai déjà souligné en 1896 [a] le poids des années d'enfance dans la genèse de certains phénomènes importants relevant de la vie sexuelle et je n'ai pas cessé depuis de mettre au premier plan le rôle joué dans la sexualité par le facteur infantile.

1. [*Ajouté en 1915* :] On ne peut pas comprendre le mécanisme du refoulement si l'on ne prend en considération qu'un seul de ces deux processus dont l'action est connexe. À titre de comparaison, on peut évoquer la manière dont un touriste est expédié au sommet de la grande pyramide de Gizeh ; il est poussé d'un côté et tiré de l'autre.

a. Cf. par exemple « L'étiologie de l'hystérie » (1896 *c*), I, dernier alinéa.

[1] LA PÉRIODE DE LATENCE SEXUELLE DE L'ENFANCE ET SES INTERRUPTIONS

Les comptes rendus extraordinairement fréquents de cas, présumés contraires à la règle et exceptionnels, de motions sexuelles durant l'enfance, de même que la découverte des souvenirs d'enfance, jusque-là inconscients, des névrosés, permettent d'esquisser à peu près l'image suivante du comportement sexuel de la période infantile [1].

Il paraît certain que le nouveau-né apporte avec lui des germes de motions sexuelles qui poursuivent pendant un temps leur développement, mais subissent alors une répression progressive qui peut à son tour être interrompue par des poussées régulières du développement sexuel et arrêtée par des particularités individuelles. On ne sait rien de sûr quant à l'éventuelle conformité à des lois et à la périodicité de ce mouvement évolutif oscillatoire. Il semble cependant, la plupart du temps, que la vie sexuelle des enfants se manifeste sous une forme accessible à l'observation autour de la troisième ou quatrième année [2].

1. La seconde de ces sources de matériel devient exploitable dans la mesure où l'on peut s'attendre à juste titre à ce que les années d'enfance des futurs névrosés ne diffèrent pas d'une manière essentielle de celles des futurs bien-portants, [*ajouté en 1915* :] mais seulement sur le plan de l'intensité et de la netteté.

2. La découverte de Bayer (1902), selon laquelle les organes sexuels

LES INHIBITIONS SEXUELLES

Au cours de cette période de latence totale ou seulement partielle, s'édifient les forces psychiques qui se dresseront plus tard comme des obstacles sur la voie de la pulsion sexuelle et qui, telles des digues, resserreront son cours (le dégoût, la pudeur, les aspirations idéales esthétiques et morales). 78

internes (utérus) des nouveau-nés sont en règle générale plus grands que ceux des enfants plus âgés, pourrait donner matière à une analogie anatomique avec ma conception du comportement de la fonction sexuelle infantile. Toutefois, l'interprétation de cette involution post-natale, également constatée par Halban pour d'autres parties de l'appareil génital, n'est pas établie de façon certaine. D'après Halban (1904), ce processus involutif s'éteint au bout de quelques semaines de vie extra-utérine. [*Ajouté en 1920* :] Les auteurs qui considèrent l'espace interstitiel de la glande sexuelle comme l'organe qui détermine le sexe ont été, de leur côté, conduits par des investigations anatomiques à parler de sexualité infantile et de temps de latence sexuelle. Je citerai un passage du livre de Lipschütz mentionné p. 53 [voir la note] sur la glande pubertaire : « On rend bien mieux justice aux faits en disant que la maturation des caractères sexuels, telle qu'elle s'accomplit durant la puberté, ne repose que sur un flux, considérablement accéléré à cette époque, de processus qui ont déjà commencé bien plus tôt – d'après nous déjà au cours de la vie embryonnaire » (1919, 168). – « *Ce que l'on a jusqu'à présent désigné sommairement par le terme de puberté, n'est vraisemblablement qu'une seconde grande phase de la puberté, qui intervient vers le milieu de la deuxième décennie*... L'enfance, à compter de la naissance jusqu'au début de la deuxième grande phase, pourrait être désignée comme la "*phase intermédiaire de la puberté*" » (*ibid.*, 170). – Cette concordance entre les constatations anatomiques et l'observation psychologique, relevée par Ferenczi dans un compte rendu du livre (1920), est battue en brèche par le fait que le *« premier point culminant »* du développement de l'organe sexuel survient au début de la période embryonnaire, tandis que la floraison précoce de la vie sexuelle enfantine est à situer entre la troisième et quatrième année. La simultanéité complète de la formation anatomique et du développement psychique n'est naturellement pas obligatoire. Les recherches en question ont été faites sur la glande sexuelle de l'être humain. Comme les animaux n'ont pas de période de latence, au sens psychologique, il serait précieux de savoir si les constatations anatomiques, sur la base desquelles les auteurs admettent deux points culminants du développement sexuel, peuvent aussi être vérifiées chez d'autres animaux supérieurs.

Devant l'enfant de la civilisation, on éprouve le sentiment que l'édification de ces digues est l'œuvre de l'éducation, et il est certain que l'éducation y contribue largement. En réalité, cette évolution est organiquement déterminée, héréditairement fixée et peut à l'occasion s'effectuer sans le moindre concours de l'éducation. L'éducation reste entièrement dans le domaine qui lui a été assigné, lorsqu'elle se borne à suivre les lignes tracées organiquement et à leur imprimer une forme plus nette et plus profonde.

FORMATION RÉACTIONNELLE ET SUBLIMATION

Comment se bâtissent ces constructions, si importantes pour la civilisation et la normalité ultérieures de la personne? Sans doute aux dépens des motions sexuelles infantiles elles-mêmes, dont l'afflux n'a pas cessé, par conséquent, même pendant cette période de latence, mais
79 dont l'énergie est – intégralement ou en majeure partie – détournée de l'usage sexuel et employée à d'autres fins. Les historiens de la civilisation semblent d'accord pour admettre que, grâce à ce détournement des forces pulsionnelles sexuelles loin des buts sexuels et cette orientation vers de nouveaux buts – processus qui mérite le nom de *sublimation* –, de puissantes composantes sont acquises, intervenant dans toutes les productions culturelles. Nous aimerions donc ajouter que le même processus joue un rôle dans le développement de l'individu isolé, et nous en ferions remonter l'origine à la période de latence sexuelle de l'enfance [1].

On peut aussi risquer une hypothèse sur le mécanisme d'une telle sublimation. Les motions sexuelles de ces

1. C'est encore à W. Fliess que j'emprunte l'expression « période de latence sexuelle ».

années d'enfance seraient, d'une part, inutilisables, dans la mesure où les fonctions de reproduction sont ajournées, ce qui constitue le caractère principal de la période de latence; d'autre part, elles seraient perverses en soi, c'est-à-dire issues de zones érogènes et portées par des pulsions qui, eu égard à l'orientation prise par le développement de l'individu, ne pourraient susciter que des sensations de déplaisir. Elles éveillent ainsi des contre-forces psychiques (motions réactionnelles) qui, afin de réprimer efficacement ce déplaisir, édifient les digues psychiques déjà mentionnées : dégoût, pudeur et morale [1].

INTERRUPTIONS DE LA PÉRIODE DE LATENCE

Sans nous faire d'illusions sur la nature hypothétique et la clarté insuffisante de nos connaissances concernant les processus de la période enfantine de latence ou d'ajournement, nous allons revenir à la réalité pour avancer qu'un tel fonctionnement de la sexualité infantile représente un idéal d'éducation, dont le développement individuel s'écarte le plus souvent à un moment quelconque et souvent de façon considérable. De temps à autre, on assiste à la percée d'un fragment de manifestation sexuelle
qui s'est soustrait à la sublimation; ou bien il subsiste 80
une activité sexuelle tout au long de la période de latence jusqu'à l'irruption multipliée de la pulsion sexuelle à la puberté. Les éducateurs, pour autant qu'ils accordent à la sexualité enfantine une quelconque attention, se

1. [*Ajouté en 1915* :] Dans le cas discuté ici, la sublimation des forces pulsionnelles sexuelles emprunte la voie de la formation réactionnelle. Mais il est généralement possible de séparer sur le plan conceptuel sublimation et formation réactionnelle comme deux processus différents. Des sublimations peuvent aussi se produire par le biais d'autres mécanismes plus simples.

comportent tout à fait comme s'ils partageaient nos vues sur la formation des forces défensives morales aux dépens de la sexualité et s'ils savaient que l'activité sexuelle rend l'enfant inéducable, car ils poursuivent comme « vices » toutes les manifestations sexuelles de l'enfant, sans pouvoir faire grand-chose contre elles. Nous avons, quant à nous, toute raison d'accorder notre intérêt à ces phénomènes que redoute l'éducation, car nous attendons d'eux la clef de la constitution originelle de la pulsion sexuelle.

[2] LES MANIFESTATIONS DE LA SEXUALITÉ INFANTILE

LE SUÇOTEMENT Pour des motifs que nous apercevrons ultérieurement, nous prendrons comme modèle des manifestations sexuelles infantiles le *suçotement* (succion voluptueuse [a]), auquel le pédiatre hongrois Lindner a consacré une remarquable étude (1879).

Le *suçotement* [b], qui apparaît déjà chez le nourrisson et qui peut se poursuivre jusqu'à la maturité ou se maintenir durant toute la vie, consiste en une répétition rythmique avec la bouche (les lèvres) d'un contact de succion, dont la finalité alimentaire est exclue. Une partie de la lèvre elle-même, la langue, ou toute autre région de la peau qui se trouve à portée – même le gros orteil – peuvent être pris comme objet de cette activité. Une pulsion

a. *« Das Ludeln (Wonnesaugen). »*

b. *« Das Ludeln oder Lutschen. »* Il n'y a malheureusement pas d'équivalent français pour ces deux termes synonymes, en usage dans de nombreux dialectes germaniques.

d'agrippement, apparaissant à cette occasion, se manifeste par exemple par un tiraillement rythmique simultané du lobe de l'oreille et peut s'emparer dans le même but d'une partie d'une autre personne (le plus souvent de son oreille). La succion voluptueuse s'accompagne d'une distraction totale de l'attention et conduit, soit à l'endormissement, soit même à une réaction motrice dans une sorte d'or- 81
gasme [1]. Il n'est pas rare que la friction de certaines parties sensibles du corps, de la poitrine, des organes génitaux externes, se combine avec la succion voluptueuse. Beaucoup d'enfants passent par cette voie du suçotement à la masturbation.

Lindner lui-même [a] a clairement reconnu et souligné sans réserves la nature sexuelle de cette activité. Dans la chambre d'enfants, le suçotement est souvent assimilé aux autres « mauvaises habitudes » sexuelles de l'enfant. De nombreux pédiatres et spécialistes des nerfs ont élevé contre cette conception une objection très vigoureuse, qui

1. Ici se révèle déjà quelque chose qui est valable pour toute la suite de l'existence, à savoir que la satisfaction sexuelle est le meilleur des somnifères. La plupart des cas d'insomnie nerveuse se rapportent à une insatisfaction sexuelle. Il est bien connu que des nourrices peu scrupuleuses endorment les enfants qui crient en leur caressant les parties génitales.

a. Ce paragraphe remplace, à partir de 1915, le passage suivant (qui ne figure que dans les deux premières éditions) : « Aucun observateur n'a douté de la nature sexuelle de cette activité. Pourtant, les meilleures théories élaborées par des adultes à propos de cet exemple de comportement sexuel infantile nous laissent dans l'embarras. Prenons le découpage de Moll [1898, cf. plus haut note 1, p. 85] de la pulsion sexuelle en pulsion de détumescence et pulsion de contrectation. Le premier de ces facteurs ne peut jouer aucun rôle dans le cas qui nous occupe et le deuxième ne peut être reconnu qu'avec difficulté, puisque, selon Moll, il apparaît plus tardivement que la pulsion de détumescence et qu'il est dirigé vers autrui. » – En 1910, la première phrase de ce paragraphe supprimé en 1915 appelait la note suivante : « À l'exception de Moll » (1909).

repose sans aucun doute sur une confusion entre « sexuel » et « génital ». Cette contestation soulève la question délicate et inéluctable de savoir quelle est la caractéristique générale à laquelle nous prétendons reconnaître les manifestations sexuelles de l'enfant. Je pense que l'enchaînement des phénomènes, que nous avons pu discerner grâce à l'investigation psychanalytique, nous autorise à envisager le suçotement comme une manifestation sexuelle et à étudier précisément en lui les traits essentiels de l'activité sexuelle infantile [1].

AUTOÉROTISME Nous avons le devoir d'examiner minutieusement cet exemple. Relevons, comme ce qui nous paraît être le caractère le plus frappant de cette activité, que la pulsion n'est pas dirigée vers d'autres personnes; elle se satisfait dans le corps propre de l'individu, elle
82 est *autoérotique*, pour employer une heureuse expression introduite par Havelock Ellis [1898] [2].

1. [*Ajouté en 1920* :] Un certain Dr Galant a publié en 1920 dans le *Neurol. Zentralblatt*, n° 20, sous le titre de *« Das Lutscherli »*, l'aveu d'une jeune femme qui n'avait pas abandonné cette activité sexuelle enfantine et qui décrit la satisfaction du suçotement comme entièrement analogue à une satisfaction sexuelle, en particulier à celle que procure le baiser de l'être aimé. « Tous les baisers ne ressemblent pas à un " *Lutscherli* "; non, non, loin de là! On ne saurait décrire le bien-être qui vous parcourt tout le corps pendant que vous suçotez; on est carrément absent de ce monde, entièrement satisfait et dans un état de bonheur tel que tout désir disparaît. C'est un sentiment merveilleux; on n'aspire qu'à la quiétude, une quiétude que rien ne doit interrompre. C'est tout simplement d'une beauté indicible, on ne ressent ni peine ni souffrance et l'on est transporté dans un autre monde. »

2. [*Ajouté en 1920* :] H. Ellis a toutefois défini de façon quelque peu différente le terme d'« autoérotique », dans le sens d'une excitation qui ne serait pas provoquée de l'extérieur, mais surgirait à l'intérieur même du corps. Pour la psychanalyse, l'essentiel n'est pas la genèse, mais la relation avec un objet. [Dans les éditions antérieures, cette note se présentait ainsi : « H. Ellis ne fait que pervertir le sens du

Il est clair, en outre, que l'acte de l'enfant qui suçote est déterminé par la recherche d'un plaisir déjà vécu et désormais remémoré. Dans le cas le plus simple, il trouve la satisfaction dans la succion rythmique d'un endroit de la peau ou des muqueuses. Il est également facile de deviner à quelle occasion l'enfant a fait les premières expériences de ce plaisir qu'il aspire désormais à renouveler. La première et la plus vitale des activités de l'enfant, la tétée du sein maternel (ou de ses substituts), a dû déjà le familiariser avec ce plaisir. Nous dirons que les lèvres de l'enfant ont tenu le rôle d'une *zone érogène,* et la stimulation réalisée par l'afflux de lait chaud fut sans doute la cause de la sensation de plaisir. Au début, la satisfaction de la zone érogène était sans doute associée à la satisfaction du besoin alimentaire. L'activité sexuelle s'étaye tout d'abord sur une des fonctions servant à la conservation de la vie et ne s'en affranchit que plus tard [a]. Lorsqu'on voit un enfant rassasié quitter le sein en se laissant choir en arrière et s'endormir, les joues rouges, avec un sourire bienheureux, on ne peut manquer de se dire que cette image reste le prototype de l'expression de la satisfaction sexuelle dans l'existence ultérieure. Puis le besoin de répétition de la satisfaction sexuelle se sépare du besoin de nutrition, séparation qui est inévitable au moment où les dents font leur apparition et où la nourriture n'est plus exclusivement tétée, mais mâchée. Pour la succion, l'enfant ne se sert pas d'un objet étranger, mais de préférence d'un endroit de son propre épiderme,

terme qu'il a inventé, en comptant au nombre des phénomènes de l'autoérotisme toute l'hystérie, ainsi que la masturbation et tout ce qui s'y rattache. »]

a. Phrase ajoutée en 1915. Cf. « Pour introduire le narcissisme » (1914 *c*), II.

parce que celui-ci est d'un accès plus commode, parce
83 qu'il se rend ainsi indépendant du monde extérieur qu'il est encore incapable de dominer et parce qu'il se crée de cette façon une seconde zone érogène, même si elle est de valeur inférieure. L'infériorité de ce deuxième endroit sera une des raisons qui le conduiront plus tard à rechercher une partie de valeur équivalente : les lèvres d'une autre personne. (« Dommage que je ne puisse m'embrasser moi-même », pourrait-on lui faire dire.)

Tous les enfants ne suçotent pas. On peut supposer que les enfants qui le font sont ceux chez lesquels la signification érogène de la zone labiale est constitutionnellement renforcée. Que cette signification subsiste, et ces enfants, une fois adultes, deviendront de friands amateurs de baisers, développeront un penchant pour les baisers pervers, ou, si ce sont des hommes, auront un sérieux motif pour boire et pour fumer. Mais qu'intervienne le refoulement, et ils ressentiront du dégoût pour la nourriture et produiront des vomissements hystériques. En vertu de la double destination de la zone labiale, le refoulement se portera sur la pulsion alimentaire. Un grand nombre [a] de mes patientes affectées de troubles de l'alimentation, de globus hystérique, de sensations d'étranglement et de vomissements ont été d'énergiques suçoteuses durant leur enfance.

Le suçotement ou succion voluptueuse nous a permis de distinguer les trois caractères essentiels d'une manifestation sexuelle infantile. Celle-ci apparaît par *étayage* sur une des fonctions vitales du corps [b], elle ne connaît encore aucun objet sexuel, est *autoérotique* et son but sexuel est

a. « Toutes », uniquement dans la première édition.

b. Ce premier caractère n'apparaît qu'à partir de 1915 ; les éditions antérieures ne mentionnent que les deux suivants.

sous la domination d'une *zone érogène*. Posons par anticipation que ces caractères valent également pour la plupart des autres activités des pulsions sexuelles infantiles.

[3] LE BUT SEXUEL DE LA SEXUALITÉ INFANTILE

CARACTÈRES DES ZONES ÉROGÈNES

On peut encore tirer de l'exemple du suçotement différentes données qui permettent de préciser les caractéristiques d'une zone érogène. C'est un endroit de la peau ou des muqueuses dans lequel des stimulations d'un certain type suscitent une sensation
de plaisir d'une qualité déterminée. Il ne fait pas de doute 84
que les stimuli qui engendrent le plaisir sont liés à des conditions particulières, que nous ne connaissons pas. Parmi celles-ci, le caractère rythmique doit jouer un rôle, l'analogie avec le chatouillement s'impose. Il paraît moins certain que le caractère de la sensation de plaisir provoquée par la stimulation puisse être défini comme « spécifique », quand c'est précisément dans cette spécificité que résiderait le facteur sexuel. En matière de plaisir et de déplaisir, la psychanalyse tâtonne encore tellement dans l'obscurité, que l'hypothèse la plus prudente sera aussi la plus recommandable. Nous tomberons peut-être plus tard sur des raisons qui semblent soutenir l'idée d'une qualité spécifique de la sensation de plaisir.

La propriété érogène peut s'attacher de façon toute particulière à certains endroits du corps. Il y a des zones érogènes prédestinées, ainsi que le montre l'exemple du suçotement. Mais ce même exemple nous apprend aussi que n'importe quel autre endroit de la peau ou des

muqueuses peut servir de zone érogène et doit par conséquent posséder une certaine aptitude à cela. L'induction de la sensation de plaisir dépend donc davantage de la qualité du stimulus que des propriétés de l'endroit du corps concerné. L'enfant qui suçote va à la découverte de son corps et se choisit quelque endroit pour se livrer à la succion voluptueuse, qui, par la force de l'habitude, deviendra ensuite son endroit favori ; si, ce faisant, il tombe par hasard sur une des régions prédestinées (mamelons, parties génitales), celle-ci conservera évidemment la primauté. Une capacité de déplacement [a] tout à fait analogue réapparaît plus tard dans la symptomatologie de l'hystérie. Dans cette névrose, le refoulement touche dans la très grande majorité des cas les zones génitales proprement dites, et celles-ci défèrent leur stimulabilité [b] aux autres zones érogènes, habituellement dédaignées dans la vie adulte, qui se comportent alors tout à fait comme des parties génitales. Mais en outre, n'importe quel autre endroit du corps peut, exactement comme dans le cas du suçotement, être doté de l'excitabilité [c] des parties génitales et élevé au rang de zone
85 érogène. Zones érogènes et hystérogènes [d] présentent les mêmes caractères [1].

1. [*Ajouté en 1915* :] De plus amples réflexions et les résultats d'autres observations conduisent à attribuer à toutes les parties du corps et à tous les organes internes la qualité de zone érogène. Cf. sur ce point ce qui est dit plus bas sur le narcissisme [p. 158 et s.]. [Dans l'édition de 1910, on trouvait à cet endroit la note suivante : « Les problèmes biologiques relatifs à l'hypothèse des zones érogènes ont été évoqués par Alfred Adler [1907]. »]

a. « *Verschiebbarkeit.* »

b. « *Reizbarkeit.* »

c. « *Erregbarkeit.* »

d. Le terme de « zones hystérogènes » vient, comme on sait, de Charcot, chez qui il désignait les points hypersensibles du corps dont

BUT SEXUEL INFANTILE

Le but sexuel de la pulsion infantile consiste à provoquer la satisfaction par la stimulation appropriée de la zone érogène qui a été choisie d'une manière ou d'une autre. Cette satisfaction doit avoir été vécue auparavant pour laisser derrière elle le besoin de sa répétition et nous pouvons nous attendre à ce que la nature ait pris de solides précautions pour ne pas laisser cette expérience de la satisfaction au hasard [1]. Nous avons déjà fait connaissance avec le dispositif qui remplit ce but dans le cas de la zone labiale, il s'agit de la connexion simultanée de cet endroit du corps avec l'alimentation. Nous rencontrerons encore d'autres dispositions similaires sous forme de sources de la sexualité. L'état de besoin exigeant la répétition de la satisfaction se révèle de deux façons : par un sentiment singulier de tension, qui a plutôt un caractère de déplaisir, et par une sensation de démangeaison ou de stimulation *d'origine centrale* et projetée dans la zone érogène périphérique. On peut donc également formuler le but sexuel de la manière suivante : il s'agirait de substituer à la sensation de stimulation projetée sur la zone érogène une stimulation externe qui suspende la sensation de stimulation en provoquant la sensation de la satisfaction. Cette stimulation externe consistera la plupart du temps en une manipulation analogue à la succion.

Il est parfaitement conforme à notre savoir physiolo-

l'excitation pouvait déclencher ou stopper l'attaque hystérique. Sur le glissement qui s'est opéré chez Freud entre ce concept et celui de zones érogènes, voir l'article « zone hystérogène » du *Vocabulaire de la Psychanalyse,* de Laplanche et Pontalis (1967).

1. [*Ajouté en 1920 :*] On ne peut guère s'abstenir, dans des débats biologiques, de recourir à une façon de penser téléologique, même si l'on sait qu'il n'existe, dans les cas particuliers, aucune garantie contre l'erreur. [Cf. note a, p. 114.]

gique que le besoin puisse également être éveillé de façon périphérique par une modification réelle de la zone éro-
86 gène. Cela nous paraît seulement quelque peu étrange, dans la mesure où il semble que pour être suspendue, la stimulation en exige une autre, appliquée au même endroit.

[4] LES MANIFESTATIONS SEXUELLES MASTURBATOIRES [1]

Nous ne pouvons que nous montrer extrêmement satisfaits de constater que nous n'avons plus à apprendre grand-chose d'important de l'activité sexuelle de l'enfant, dès lors que nous avons saisi à partir d'une seule zone érogène la nature de la pulsion. Les différences les plus nettes se rapportent au procédé nécessaire pour produire la satisfaction, qui, dans le cas de la zone labiale, consistait dans la succion et qui, suivant la situation et les propriétés des autres zones, doit être remplacé par d'autres actions musculaires.

ACTIVITÉ DE LA ZONE ANALE

En raison de sa situation, la zone anale, tout comme la zone labiale, est propre à servir d'intermédiaire à *l'étayage* de la sexualité sur d'autres fonctions du corps. Il faut se représenter la signification érogène de cet endroit du corps comme très grande à l'origine. Par la psychanalyse, on est alors

1. Cf. sur ce point la littérature très abondante, mais aux conceptions souvent confuses, sur l'onanisme, par ex. : Rohleder (1899), [*ajouté en 1915* :] voir aussi le cahier n° 2 des *Discussions de la Société psychanalytique de Vienne,* 1912.

instruit, non sans étonnement, des transformations que connaissent normalement les excitations sexuelles qui en procèdent et de la fréquence avec laquelle cette zone conserve durant toute la vie une part considérable de stimulabilité génitale [1]. Les troubles intestinaux, si fréquents au cours des années d'enfance, veillent à ce que cette zone ne manque pas d'excitations intenses. Les catarrhes intestinaux du plus jeune âge rendent « nerveux », comme on dit; dans les affections névrotiques plus tardives, ils prennent une influence déterminante sur l'expression symptomatique de la névrose et mettent à sa disposition toute la gamme des troubles intestinaux. Compte tenu de la signification érogène de la zone de sortie du canal intestinal, qui subsiste, au
moins sous une forme modifiée, il ne faut pas non 87
plus tourner en dérision l'influence des hémorroïdes, à laquelle l'ancienne médecine attachait tant de poids pour l'explication des états névrotiques.

Les enfants qui ont recours à la stimulabilité érogène de la zone anale se trahissent en retenant leurs selles jusqu'à ce que ces dernières suscitent, du fait de leur accumulation, de violentes contractions musculaires et qu'elles soient en mesure, lors de leur passage dans l'anus, d'exercer une forte stimulation sur la muqueuse. Ce faisant, la sensation voluptueuse doit probablement surgir à côté de la douleur. C'est un des meilleurs signes de future excentricité ou nervosité, qu'un nourrisson se refuse opiniâtrement à vider ses intestins quand on l'assoit sur le pot, autrement dit quand il plaît à la personne qui s'occupe de lui, mais qu'il choisit

1. [*Ajouté en 1910* :] Cf. les essais : « Caractère et érotisme anal » (1908 *b*) [*Ajouté en 1920* :] et « Sur les transformations des pulsions, plus particulièrement dans l'érotisme anal » (1917 *c*).

d'exercer cette fonction selon son propre agrément. Il lui est naturellement indifférent de souiller son lit; son seul souci est de ne pas laisser échapper le gain annexe de plaisir [a] qu'il tire de la défécation. Les éducateurs sont une fois de plus dans le vrai lorsqu'ils qualifient de polissons les enfants qui « retiennent » ces commissions.

Le contenu intestinal [b] qui, jouant le rôle d'un corps excitant pour une surface muqueuse sexuellement sensible, se comporte comme le prédécesseur d'un autre organe, lequel ne doit entrer en action qu'après la phase de l'enfance, a encore d'autres significations importantes pour le nourrisson. Il est manifestement traité comme une partie du corps propre, représente le premier « cadeau », par la libération ou la rétention duquel peuvent être exprimés respectivement la soumission ou l'entêtement du petit être à l'égard de son entourage. De « cadeau », il prendra plus tard la signification de l'« enfant », qui, selon une des théories sexuelles infantiles [c], s'acquiert en mangeant et naît par l'intestin.

La rétention des masses fécales, qui, par conséquent, répond initialement à l'intention d'en user comme d'une stimulation quasi masturbatoire de la zone anale ou de
88 s'en servir dans la relation avec la personne qui prend soin de l'enfant, est au demeurant une des racines de la constipation si fréquente chez les névropathes. Toute la signification de la zone anale se reflète enfin dans le fait que l'on ne trouve que peu de névrosés qui n'aient pas

a. « *Lustnebengewinn.* »
b. Ce paragraphe a été ajouté en 1915. Le thème qu'il traite est repris dans l'article (1917 *c*) mentionné dans la note 1, p. 111.
c. Cf. plus bas, p. 125-126.

leurs pratiques scatologiques particulières, leurs cérémonies, etc., qu'ils tiennent soigneusement dissimulées [1].

La stimulation proprement masturbatoire de la zone anale à l'aide du doigt, provoquée par une démangeaison soit d'origine centrale, soit entretenue à la périphérie, n'est nullement rare chez les enfants plus âgés.

ACTIVITÉ DES ZONES GÉNITALES

Parmi les zones érogènes du corps de l'enfant, il en est une qui ne joue certainement pas le premier rôle, qui ne peut pas davantage être porteuse des motions sexuelles les plus anciennes, mais qui est appelée à un grand avenir. Elle est, chez le garçon comme chez la fille, en contact avec la miction (gland, clitoris), et, chez le premier, elle est contenue dans un sac muqueux, de sorte qu'elle ne peut manquer de stimulations engendrées par des sécrétions susceptibles de déclencher précocement l'excitation sexuelle. Les activités sexuelles de cette zone érogène, qui relève des parties sexuelles proprement dites, sont le point de départ de la vie sexuelle « normale » ultérieure.

En raison de sa situation anatomique, des sécrétions

1. [*Ajouté en 1920* :] Dans un travail qui enrichit de façon extraordinaire notre compréhension de la signification de l'érotisme anal, Lou Andreas-Salomé (1916) a démontré que l'histoire du premier interdit que rencontre l'enfant, l'interdiction de tirer du plaisir de l'activité anale et de ses produits, détermine tout son développement. À cette occasion, le petit être doit d'abord avoir l'intuition [*ahnen*] de l'hostilité de l'environnement à ses motions pulsionnelles, apprendre à distinguer son propre être de cette entité étrangère, et effectuer ensuite le premier « refoulement » de ses possibilités de plaisir. L'« anal » reste à partir de là le symbole de tout ce qui est à rejeter, à éliminer de l'existence. À la séparation nette exigée plus tard entre les processus anal et génital, s'opposent leurs étroites analogies anatomiques et fonctionnelles et leurs rapports réciproques. L'appareil génital reste voisin du cloaque, « chez la femme, il n'en est même que la location ». [Cit. de Lou Andreas-Salomé, 1916.]

qui l'inondent, des lavages et frictions de la toilette et de certaines excitations accidentelles (telles que les migrations des parasites intestinaux chez la fille), il est
89 inévitable que la sensation de plaisir que cet endroit du corps est capable de procurer se fasse déjà sentir chez le nourrisson et éveille le besoin de sa répétition. Si l'on envisage la somme de ces dispositions et que l'on considère que les mesures de propreté ne peuvent guère avoir d'autres effets que ceux produits par la malpropreté, on peut difficilement éviter de penser que l'onanisme du nourrisson, auquel presque aucun individu n'échappe, jette les bases du futur primat de cette zone érogène sur l'activité sexuelle [a]. L'action qui supprime le stimulus et déclenche la satisfaction consiste en un frottement à l'aide de la main, ou bien en une compression, certainement prédéterminée de façon réflexe, exercée avec la main ou en serrant les cuisses. Ce dernier procédé est de loin le plus fréquemment utilisé chez la fille. Chez le garçon, la préférence accordée à la main est déjà l'indice de l'importante contribution que la pulsion d'emprise [b] apportera plus tard à l'activité sexuelle masculine [1].

1. [*Ajouté en 1915* :] L'emploi de techniques inhabituelles dans la pratique de l'onanisme à une époque plus tardive indique, semble-t-il, l'influence d'un interdit de l'onanisme qui a été surmonté.

a. Modifié en 1915; dans les éditions antérieures, la fin de cette phrase (après « malpropreté ») se présentait ainsi : « On peut difficilement méconnaître l'intention de la nature : jeter, au moyen de l'onanisme du nourrisson auquel sans doute personne n'échappe, les bases du futur primat de cette zone érogène sur l'activité sexuelle. » – Cette position téléologique fut critiquée par Rudolf Reitler dans le cadre des discussions de la Société psychanalytique de Vienne (1912, cinquième discussion sur l'onanisme). Reconnaissant qu'il s'était mal exprimé (Freud, 1912 *f*, p. 178-179), Freud promit de modifier son texte par la suite (voir également p. 66 et la note a et p. 109, note 1).

b. *« Bemächtigungstrieb. »*

Cet exposé ne pourra que gagner en clarté si j'avance qu'il y a lieu de distinguer trois phases de la masturbation infantile. La première d'entre elles se rattache au temps de l'allaitement [a], la seconde à la brève période de floraison de l'activité sexuelle vers la quatrième année ; seule la troisième correspond à l'onanisme de la puberté, qui est souvent le seul à être pris en compte [b].

LA SECONDE PHASE DE LA MASTURBATION INFANTILE

L'onanisme du nourrisson semble disparaître après une courte période, mais il arrive qu'avec la poursuite ininterrompue de cette activité jusqu'à la puberté s'établisse déjà la première grande déviation par rapport au développement que l'homme civilisé doit s'efforcer d'atteindre. À une certaine époque de l'enfance, après le temps de l'allaitement, habituellement avant la quatrième année, la pulsion sexuelle de cette zone génitale a coutume de se réveiller et de subsister à nouveau quelque temps jusqu'à ce qu'elle subisse une nouvelle répression ou de se maintenir sans interruption. Les formes éventuelles sont très variées et 90

a. *« Säuglingszeit »*, litt. : le temps du nourrisson.

b. Ce petit paragraphe a été ajouté en 1915, ainsi que le titre du paragraphe suivant, lequel a subi à la même époque de légères modifications : dans sa première phrase, les mots « après une courte période » ont été substitués à « avec l'avènement de la période de latence » et, dans la seconde, la précision : « habituellement avant la quatrième année », a été ajoutée. Enfin, le début du paragraphe sur le « retour de la masturbation du nourrisson » fut lui aussi modifié en 1915. En effet, dans les deux premières éditions, ce passage commençait par : « L'excitation sexuelle du temps de l'allaitement resurgit au cours des années d'enfance (on n'est pas encore parvenu à une datation plus précise), soit..., soit... » Il semblerait ainsi que Freud n'ait pas disposé, avant 1915, d'éléments suffisants pour situer de façon plus précise la seconde phase de la masturbation infantile, « vers la quatrième année ».

ne peuvent être définies qu'au moyen d'une analyse minutieuse des cas particuliers. Mais tous les détails de cette *deuxième* activité sexuelle infantile laissent les plus profondes traces (inconscientes) d'impressions dans la mémoire de la personne, déterminent l'évolution de son caractère lorsqu'elle reste en bonne santé et la symptomatologie de sa névrose lorsqu'elle tombe malade après la puberté [1]. Dans le dernier cas, on constate que cette période sexuelle est oubliée et que les souvenirs conscients qui en témoignent sont déplacés; j'ai déjà indiqué que je voudrais mettre aussi l'amnésie infantile normale en rapport avec cette activité sexuelle infantile. Grâce à l'investigation psychanalytique, on parvient à rendre conscient ce qui est oublié et à supprimer ainsi une compulsion issue du matériel psychique inconscient.

RETOUR DE LA MASTURBATION DU NOURRISSON

L'excitation sexuelle du temps de l'allaitement resurgit au cours des années d'enfance dont nous parlons, soit sous la forme d'un chatouillement d'origine centrale, qui réclame une satisfaction masturbatoire, soit sous la forme d'un processus analogue à la pollution, qui, à l'instar de la pollution de l'adulte, entraîne la satisfaction sans l'intervention d'une action. Ce dernier cas est le plus fréquent chez la fille et dans la deuxième moitié

1. [*Ajouté en 1915* :] La question de savoir pourquoi le sentiment de culpabilité des névrosés se greffe régulièrement, comme Bleuler [1913] l'a admis encore récemment, sur le souvenir de l'activité masturbatoire – le plus souvent celle de la période pubertaire –, attend encore une explication analytique exhaustive. [*Ajouté en 1920* :] Le facteur le plus grossier et le plus important de cette conditionnalité pourrait bien consister dans le fait que l'onanisme constitue l'organe exécutif de la sexualité infantile et qu'il est ainsi habilité à endosser le sentiment de culpabilité qui s'y rattache.

de l'enfance; il n'est pas tout à fait intelligible quant à ce qui le détermine et semble souvent – mais pas nécessairement – avoir pour condition préalable une période d'onanisme actif. La symptomatologie de cette manifestation sexuelle est pauvre; à la place de l'appareil génital encore rudimentaire c'est surtout l'appareil urinaire, faisant office de tuteur, qui présente des symptômes. En cette période, la plupart des maladies attribuées à la vessie sont des troubles sexuels; l'énurésie nocturne, lorsqu'elle ne constitue pas une attaque épileptique, correspond à une pollution.

La réapparition de l'activité sexuelle est déterminée 91
par des causes internes et des occasions externes, que l'on peut deviner dans les cas d'affections névrotiques à partir de la configuration des symptômes et que l'investigation psychanalytique permet de découvrir de façon certaine. Il sera question plus tard des causes internes; les occasions accidentelles externes acquièrent à cette époque une importance considérable et durable. Au premier plan se trouve l'influence de la séduction qui traite prématurément l'enfant comme un objet sexuel et qui lui fait connaître, en des circonstances propres à l'impressionner, la satisfaction des zones génitales, qu'il est alors le plus souvent contraint de renouveler au moyen de l'onanisme. Ce genre d'influence peut être le fait d'adultes ou bien d'autres enfants; je ne puis admettre que j'en aie surestimé la fréquence ou l'importance dans mon article de 1896 « L'étiologie de l'hystérie », bien que j'ignorasse encore à l'époque que des individus restés normaux peuvent avoir vécu les mêmes expériences au cours de leur enfance et que j'eusse ainsi accordé plus de poids à la séduction qu'aux facteurs de la constitution et du

développement sexuels [a]. Il va sans dire qu'il n'est pas besoin de la séduction pour éveiller la vie sexuelle de l'enfant et que cet éveil peut aussi se produire spontanément sous l'effet de causes internes.

PRÉDISPOSITION PERVERSE POLYMORPHE [b]

Il est instructif de constater que, sous l'influence de la séduction, l'enfant peut devenir pervers polymorphe et être entraîné à tous les débordements imaginables. Cela démontre qu'il porte dans sa prédisposition les aptitudes requises; leur
92 mise en acte ne rencontre que de faibles résistances parce que, suivant l'âge de l'enfant, les digues psychiques qui entravent les excès sexuels : pudeur, dégoût et morale, ne sont pas encore établies ou sont seulement en cours d'édification. À cet égard, l'enfant ne se comporte pas autrement que la femme moyenne inculte, chez qui subsiste la même prédisposition perverse polymorphe. Dans les conditions

a. Freud s'expliquera plus en détail sur ce point dans son article : « Mes vues sur le rôle de la sexualité dans l'étiologie des névroses » (1906 *a*), p. 116-117. Dans un appendice à son étude sur la *Psychologie sexuelle* (1903, Appendice B), Havelock Ellis rapporte un certain nombre de témoignages autobiographiques de personnes, restées normales pour la plupart, concernant leurs premières motions sexuelles enfantines et les occasions qui les ont fait naître. Ces récits souffrent d'un défaut, à savoir qu'ils ne tiennent pas compte du passé préhistorique de la vie sexuelle, lequel est recouvert par l'amnésie infantile et ne peut être complété chez un individu devenu névrosé que par la psychanalyse. Ces témoignages sont néanmoins précieux à plus d'un point de vue, et ce sont des informations de ce genre qui m'ont décidé à modifier mes hypothèses étiologiques dans le sens indiqué par le texte. Voir aussi « Les théories sexuelles infantiles » (Freud, 1908 *c*), p. 16, où ce passage de H. Ellis est également évoqué.

b. *« Polymorph pervers. »* Il n'y a pas lieu de revenir sur la traduction française consacrée : « pervers polymorphe ». Elle marque mal cependant l'articulation des deux mots, dont le premier (en allemand) est un adverbe. Il faut donc comprendre « polymorphiquement pervers »; l'anglais dit plus exactement : *« polymorphously pervers »*.

habituelles, celle-ci peut rester à peu près normale sexuellement, mais, sous la conduite d'un habile séducteur, elle prendra goût à toutes les perversions et en maintiendra l'usage dans son activité sexuelle. Dans son activité professionnelle, la prostituée met à profit la même prédisposition polymorphe et, par conséquent, infantile; et, si l'on considère le nombre immense de femmes prostituées et de celles à qui il faut accorder des aptitudes à la prostitution bien qu'elles aient échappé au métier, il devient en fin de compte impossible de ne pas reconnaître dans l'égale prédisposition à toutes les perversions un trait universellement humain et originel.

PULSIONS PARTIELLES Au demeurant, l'influence de la séduction ne nous aide pas à lever le voile sur les débuts de la pulsion sexuelle, mais brouille la vision que nous en avons, dans la mesure où elle met prématurément l'enfant en présence de l'objet sexuel, dont la pulsion sexuelle infantile ne manifeste de prime abord aucun besoin. Toutefois, il nous faut convenir que la vie sexuelle enfantine, quelque prépondérante que soit la domination des zones érogènes, présente elle aussi des composantes dans lesquelles d'autres personnes figurent dès le début en tant qu'objets sexuels. Telles sont les pulsions, apparaissant de façon relativement indépendante par rapport aux zones érogènes, du plaisir de regarder-et-de-montrer [a] et de la cruauté, qui n'entrent en relation intime avec la vie génitale [b] que plus tard, mais qui se font déjà sentir au cours de l'enfance en tant que tendances autonomes, d'abord distinctes de l'activité sexuelle érogène. Le petit

a. « *Schau- und Zeigelust.* » Cf. note a, p. 85.
b. « Vie sexuelle », dans les deux premières éditions.

enfant est avant tout dépourvu de pudeur et montre, à certaines périodes de ses premières années, un plaisir [a] incontestable à dénuder son corps en mettant particulière-
93 rement en évidence les parties génitales. La contrepartie de ce penchant considéré comme pervers, la curiosité de voir les parties génitales d'autres personnes, ne devient vraisemblablement manifeste qu'un peu plus tard dans l'enfance, lorsque l'obstacle constitué par le sentiment de pudeur a atteint un certain développement [b]. Sous l'influence de la séduction, la perversion scopique peut prendre une grande importance pour la vie sexuelle de l'enfant. Pourtant, il me faut conclure de mes investigations dans les années d'enfance d'individus bien-portants aussi bien que de malades névrosés, que la pulsion scopique est susceptible d'apparaître chez l'enfant en tant que manifestation sexuelle spontanée. Les petits enfants, dont l'attention est attirée un jour sur leurs propres parties génitales – le plus souvent par le biais de la masturbation –, ont coutume de franchir le pas suivant sans intervention extérieure et de développer un vif intérêt pour les parties génitales de leurs compagnons de jeu. Comme l'occasion de satisfaire ce genre de curiosité ne se présente la plupart du temps qu'au moment de la satisfaction des deux besoins excrémentiels, ces enfants deviennent des *voyeurs,* d'ardents spectateurs de l'évacuation d'urine ou de matières fécales des autres. Après l'entrée en jeu du refoulement

a. *« Vergnügen. »*

b. La formulation définitive de cette phrase date de 1920. Dans l'édition de 1905 on pouvait lire : « La contrepartie..., n'intervient que plus tard dans l'enfance... » En 1910, Freud y ajoute « vraisemblablement ». Puis, en 1915, « n'intervient » fut remplacé par « ne devient manifeste ». Enfin, en 1920, « un peu » fut ajouté avant « plus tard ». – Sur le thème de l'exhibitionnisme chez les petits enfants, voir aussi L'*Interprétation des rêves* (Freud, 1900 *a*), p. 213.

de ces penchants, la curiosité dirigée vers les parties génitales des autres (du même sexe ou de l'autre) subsiste en tant que poussée lancinante qui, dans bien des cas névrotiques, devient la plus puissante force pulsionnelle participant à la formation de symptômes.

C'est dans une indépendance encore plus grande à l'égard du reste de l'activité sexuelle, lié aux zones érogènes, que se développe chez l'enfant la composante cruelle de la pulsion sexuelle. Le caractère infantile est en général facilement porté à la cruauté, car l'obstacle qui arrête la pulsion d'emprise devant la douleur de l'autre : la capacité de compatir, se forme relativement tard. L'analyse psychologique approfondie de cette pulsion n'a, comme on sait, pas encore abouti ; nous sommes en droit de supposer que la motion cruelle provient de la pulsion d'emprise et surgit dans la vie sexuelle à un moment où les parties génitales n'ont pas encore pris
leur rôle ultérieur. Elle gouverne alors une phase de la 94
vie sexuelle que nous décrirons plus loin en tant qu'organisation prégénitale [a]. Les enfants qui se distinguent par leur cruauté particulière envers les animaux et envers leurs camarades, éveillent généralement à juste titre le soupçon d'une activité sexuelle intensive et prématurée émanant des zones érogènes, et, en cas de précocité simultanée de toutes les pulsions sexuelles, il semble que

a. La dernière phrase et la seconde moitié de la précédente ont été modifiées en 1915. Dans les deux premières éditions, elles se présentaient ainsi : « Nous sommes en droit de supposer que les motions cruelles dérivent de sources qui sont à proprement parler indépendantes de la sexualité, mais qu'elles sont susceptibles, par anastomose, d'entrer précocement en liaison avec celle-ci en un point proche de leur origine respective. L'observation nous apprend cependant qu'il y a des interférences entre le développement sexuel et le développement de la pulsion scopique-et-de-cruauté [*Schau- und Grausamkeitstrieb*], qui restreignent à nouveau l'indépendance présumée des deux pulsions. »

l'activité sexuelle érogène soit tout de même celle qui est primaire. La suppression de la barrière de la pitié comporte le danger que cette association formée durant l'enfance entre les pulsions cruelles et les pulsions érogènes ne s'avère indissoluble dans l'existence ultérieure.

La stimulation douloureuse de l'épiderme fessier est connue de tous les éducateurs, depuis les *Confessions* de Jean-Jacques Rousseau, comme une des racines érogènes de la pulsion passive de cruauté. Ils en ont déduit avec raison que les châtiments corporels, qui sont pour la plupart appliqués à cette partie du corps, doivent être évités chez tous les enfants dont la libido est susceptible d'être poussée dans les canaux collatéraux par les exigences ultérieures de l'éducation culturelle [1].

1. [*Ajouté en 1910 :*] En 1905, mes affirmations sur la sexualité infantile formulées ci-dessus étaient essentiellement justifiées par les résultats de l'exploration psychanalytique d'adultes. À l'époque, l'observation directe de l'enfant ne pouvait pas être utilisée à sa pleine mesure et n'avait livré que des indications isolées et de précieuses confirmations. On est parvenu depuis, grâce à l'analyse de certains cas de maladie nerveuse de la prime enfance, à pénétrer directement la psychosexualité infantile. Je puis signaler avec satisfaction que l'observation directe a pleinement confirmé les conclusions de la psychanalyse et qu'elle a fourni du même coup un témoignage probant de la validité de cette méthode de recherche. Par ailleurs, l'« Analyse de la phobie d'un garçon de cinq ans » (1909 *b*) nous a révélé bien des éléments nouveaux, auxquels la psychanalyse ne nous avait pas préparés, par exemple qu'il existe une symbolique sexuelle, une représentation [*Darstellung*] du sexuel par des objets et des relations non sexuels, qui remonte à ces premières années de la maîtrise du langage. En outre, mon attention a été attirée sur une lacune de la description proposée ci-dessus, qui, dans un souci de clarté, pose la distinction conceptuelle des deux phases de l'*autoérotisme* et de l'*amour d'objet* également comme une séparation temporelle. Les analyses citées (ainsi que les communications de Bell, cf. p. 94, note 2) nous apprennent toutefois que les enfants de trois à cinq ans sont capables d'un *choix d'objet* tout à fait perceptible et accompagné d'affects violents. [Dans l'édition de 1910, cette note se terminait ainsi : « Une autre contribution à notre connaissance de la vie sexuelle infantile, qui n'a pas encore été mentionnée dans le texte, se

[5] LES RECHERCHES SEXUELLES INFANTILES [a] 95

LA PULSION DE SAVOIR

À la même époque, alors que la vie sexuelle de l'enfant connaît sa première floraison, de la troisième à la cinquième année, apparaissent également chez lui les débuts de l'activité attribuée à la pulsion de savoir ou pulsion du chercheur [b]. La pulsion de savoir ne peut être comptée au nombre des composantes pulsionnelles élémentaires ni subordonnée exclusivement à la sexualité. Son action correspond d'une part à un aspect sublimé de l'emprise, et, d'autre part, elle travaille avec l'énergie du plaisir scopique. Ses relations avec la vie sexuelle sont cependant particulièrement importantes, car la psychanalyse nous a appris que la pulsion de savoir des enfants est attirée avec une précocité insoupçonnée et une intensité inattendue par les problèmes sexuels, voire qu'elle n'est peut-être éveillée que par eux seuls.

L'ÉNIGME DU SPHINX

Ce ne sont pas des intérêts théoriques mais des intérêts pratiques qui mettent en branle l'activité de recherche chez l'enfant. La menace qui pèse sur ses conditions d'existence du fait de l'arrivée effective ou présumée d'un nouvel enfant, la crainte de la perte de soins et d'amour liée à cet événement, rendent l'enfant songeur et perspicace. Aussi, conformément à l'histoire de

rapporte aux recherches sexuelles des enfants, aux théories que les enfants construisent à ce sujet (cf. mon article sur ce thème (1908 *c*), à la portée considérable de ces théories sur les névroses ultérieures, et à leur rapport avec le développement des facultés intellectuelles des enfants. »]

a. Cette section parut pour la première fois en 1915.

b. *« Wiss- oder Forschertrieb. »*

l'éveil de cette pulsion, le premier problème qui le préoccupe n'est-il pas la question de la différence des sexes, mais l'énigme : d'où viennent les enfants [a]? Sous un aspect déformé qu'on peut aisément rectifier, cette énigme est aussi celle que pose le Sphinx de Thèbes. Bien au contraire, le fait qu'il y ait deux sexes est d'abord accueilli par
96 l'enfant sans rencontrer d'opposition ni soulever de questions. Il est évident pour l'enfant mâle de prêter à toutes les personnes qu'il connaît un organe génital identique au sien, et il lui est impossible d'accorder le manque d'un tel organe avec sa représentation de ces autres personnes.

COMPLEXE DE CASTRATION ET ENVIE DU PÉNIS [b]

Cette conviction est maintenue énergiquement par les garçons, défendue opiniâtrement contre les contradictions qui ne tardent pas à se dégager de l'observation et n'est abandonnée qu'après de durs combats intérieurs (complexe de castration). Les formations substitutives de ce pénis perdu de la femme jouent un grand rôle dans l'élaboration de la forme de nombreuses perversions [1].

1. [*Ajouté en 1920* :] On est en droit de parler également d'un complexe de castration chez les femmes. Les enfants mâles et femelles construisent une théorie selon laquelle la femme avait elle aussi, à l'origine, un pénis qui a été perdu en raison d'une castration. La conviction finalement acquise, que la femme ne possède pas de pénis, entraîne souvent chez l'individu mâle un mépris durable pour l'autre sexe.

a. On retrouve la même affirmation dans « Les théories sexuelles infantiles » (Freud, 1908 *c*), p. 17 et dans « Analyse de la phobie d'un garçon de cinq ans » (Freud, 1909 *b*), p. 187. En revanche, dans « Les Explications sexuelles données aux enfants » (1907 *c*), p. 10, Freud soutient l'opinion inverse. La question est définitivement réglée dans une note de « Quelques conséquences psychiques de la différence anatomique entre les sexes » (1925 *j*), p. 127 : « Cela, pour la fille tout au moins, n'est sûrement pas pertinent; chez le garçon il en ira parfois ainsi, parfois autrement, ou bien ce seront les occasions dues au hasard qui décideront... »

b. *« Penisneid. »*

L'hypothèse d'un même organe génital (viril) [a] chez tous les êtres humains est la première des théories sexuelles infantiles notables et lourdes de conséquences. L'enfant ne tire pas grand profit de ce que la science biologique soit forcée de confirmer son préjugé et de reconnaître le clitoris féminin comme un véritable substitut du pénis. La petite fille ne tombe pas dans une telle attitude de refus lorsqu'elle s'aperçoit que l'organe génital du garçon est autrement formé que le sien. Elle est immédiatement prête à l'admettre et succombe à l'envie du pénis qui culmine dans le désir, important quant à ses effets ultérieurs, d'être elle-même un garçon.

THÉORIES DE LA NAISSANCE

De nombreux êtres humains sont capables de se souvenir clairement de l'intense intérêt qu'ils ont voué, pendant la période prépubertaire, à la question de savoir d'où venaient les enfants. Les solutions anatomiques étaient à l'époque très variées : ils sortaient de la poitrine, ou étaient extraits du ventre après incision, ou encore le nombril s'ouvrait pour les laisser passer [1]. En dehors de l'analyse, il est rare qu'on se souvienne des recherches entreprises à ce sujet durant les premières années de l'enfance; elles ont depuis longtemps succombé au refoulement, mais tous leurs résultats concordaient. On obtient les enfants en mangeant quelque chose de précis (comme dans les contes), et ils sont mis au monde par l'intestin de la même

1. [*Ajouté en 1924* :] L'abondance de théories sexuelles est très grande dans ces années tardives de l'enfance. Le texte n'en donne que peu d'exemples.

a. « *Die Annahme eines nämlichen (männlichen) Genitales.* » Le texte semble jouer ici sur une homophonie impossible à rendre en français entre « *nämlich* » (même, identique) et « *männlich* » (masculin).

manière que sont évacuées les selles. Ces théories enfantines rappellent certaines dispositions du règne animal, en particulier le cloaque des espèces inférieures aux mammifères.

97 CONCEPTION SADIQUE DU RAPPORT SEXUEL Lorsque les enfants sont témoins, à un âge aussi tendre, de rapports sexuels entre des adultes – la conviction des grands que le petit enfant est encore incapable de comprendre quoi que ce soit de sexuel leur en fournissant l'occasion –, ils ne peuvent manquer de considérer l'acte sexuel comme une sorte de mauvais traitement ou de violence et de lui donner, par conséquent, un sens sadique. La psychanalyse nous apprend aussi qu'une telle impression de prime enfance contribue grandement à disposer à un déplacement sadique ultérieur du but sexuel. En outre, les enfants se préoccupent beaucoup de savoir en quoi peut consister le rapport sexuel ou, ainsi qu'ils l'imaginent, le fait d'être marié, et cherchent la plupart du temps la solution du mystère dans une union qui s'accomplirait par le truchement des fonctions de la miction et de la défécation.

L'ÉCHEC TYPIQUE DES RECHERCHES SEXUELLES ENFANTINES De façon générale, on peut dire des théories sexuelles enfantines qu'elles sont les reflets de la propre constitution sexuelle de l'enfant et qu'en dépit de leurs erreurs grotesques elles témoignent d'une meilleure compréhension des processus sexuels que celle qu'on attendrait de la part de leurs auteurs. Les enfants perçoivent aussi les modifications que la grossesse entraîne chez leur mère et savent les interpréter correctement; la fable de la cigogne est très souvent racontée à des auditeurs qui l'accueillent avec une méfiance profonde, mais le plus souvent silencieuse. Toutefois, dans la mesure où deux éléments restent inconnus de la recherche sexuelle enfantine : le rôle fécondant du sperme et l'existence de l'orifice sexuel féminin – les mêmes points, du reste, que ceux dans lesquels l'organisation infantile est encore en retard –, les efforts des chercheurs restent malgré tout régulièrement infructueux et s'achèvent sur un renoncement qui entraîne souvent une dégradation durable de la pulsion de savoir. Les recherches sexuelles de ces premières années de l'enfance sont toujours solitaires; elles représentent un premier pas vers l'orientation autonome dans le monde et éloignent considérablement l'enfant des personnes de son entourage, qui jusque-là jouissaient de sa pleine confiance.

[6] PHASES DE DÉVELOPPEMENT DE L'ORGANISATION SEXUELLE [a] 98

Nous avons jusqu'à présent souligné, en tant que caractères de la vie sexuelle infantile, qu'elle est essentiellement autoérotique (qu'elle trouve son objet dans le corps propre) et que ses différentes pulsions partielles aspirent sans liens réciproques et indépendamment les unes des autres à l'acquisition de plaisir [b]. L'aboutissement du développement est constitué par la vie sexuelle dite normale de l'adulte, dans laquelle l'acquisition de

a. De même que la précédente, cette section n'a été ajoutée qu'en 1915.

b. « *Lusterwerb.* »

plaisir est entrée au service de la fonction de reproduction et où les pulsions partielles, sous le primat d'une zone érogène unique, ont formé une organisation solide permettant d'atteindre le but sexuel dans un objet sexuel étranger.

ORGANISATIONS PRÉGÉNITALES

L'étude, à l'aide de la psychanalyse, des inhibitions et des perturbations de cette évolution nous permet de reconnaître les prémices et les étapes préliminaires d'une telle organisation des pulsions partielles, qui constituent elles-mêmes une sorte de régime sexuel. Ces phases de l'organisation sexuelle sont normalement traversées en douceur, sans trahir leur existence autrement que par des indices. Ce n'est que dans les cas pathologiques qu'elles sont activées et repérables à l'observation superficielle.

Nous appellerons *prégénitales* les organisations de la vie sexuelle dans lesquelles les zones génitales n'ont pas encore pris leur rôle prédominant. Nous avons jusqu'à présent fait la connaissance de deux d'entre elles, qui évoquent un retour à des états primitifs de la vie animale.

Une première organisation sexuelle prégénitale de ce genre est l'organisation *orale* ou, si l'on veut, *cannibalique.* Ici, l'activité sexuelle n'est pas encore séparée de l'ingestion d'aliments, il n'y a pas encore, dans ce cadre, différenciation de courants opposés. L'objet de l'une de ces activités est aussi celui de l'autre, le but sexuel réside dans *l'incorporation* de l'objet, prototype de ce qui jouera plus tard, en tant qu'*identification* [a], un rôle psychique si
99 important. Le suçotement, dans lequel l'activité sexuelle,

a. Voir par exemple *Psychologie des foules et analyse du moi,* VII (Freud, 1921 *c*).

détachée de l'activité alimentaire, a abandonné l'objet étranger pour un autre objet appartenant au corps propre, peut être considéré comme un reste de cette phase fictive d'organisation qui nous est imposée par la pathologie [1].

Une deuxième phase prégénitale est celle de l'organisation *sadique-anale.* Ici, l'opposition entre deux pôles qui se retrouve partout dans la vie sexuelle est déjà développée; cependant, ils ne méritent pas encore les noms de *masculin* et de *féminin,* mais doivent être désignés comme *actif* et *passif.* L'activité est entraînée par la pulsion d'emprise par l'intermédiaire de la musculature corporelle; c'est avant tout la muqueuse érogène intestinale qui fait figure d'organe à but sexuel passif; il y a des objets pour les deux tendances, mais ce ne sont pas les mêmes. En même temps, d'autres pulsions partielles se manifestent de façon autoérotique. Dans cette phase, la polarité sexuelle et l'objet étranger peuvent donc déjà être constatés. L'organisation et la subordination à la fonction de reproduction font encore défaut [2].

AMBIVALENCE Cette forme d'organisation sexuelle peut se maintenir durant toute la vie et accaparer de façon permanente une grande partie de l'activité sexuelle. La prédominance du sadisme et le rôle de cloaque de la zone anale lui confèrent une empreinte spécialement

1. [*Ajouté en 1920 :*] À propos des restes de cette phase chez des névrosés adultes, cf. le travail d'Abraham (1916). [*Ajouté en 1924 :*] Dans un travail ultérieur (1924), Abraham a décomposé aussi bien cette phase orale que la phase sadique-anale qui lui succède en deux subdivisions, caractérisées par un comportement différent à l'égard de l'objet.

2. [*Ajouté en 1924 :*] Abraham (dans l'essai précité) attire notre attention sur le fait que l'anus dérive de la *bouche primitive* des prédispositions embryonnaires, ce qui apparaît comme un prototype biologique du développement psychosexuel.

archaïque. Ce qui la caractérise en outre, c'est que les couples d'opposés pulsionnels sont développés de manière sensiblement identique, phénomène que l'on décrit sous l'heureuse dénomination d'*ambivalence,* introduite par Bleuler.

L'hypothèse des organisations prégénitales de la vie sexuelle repose sur l'analyse des névroses, et il n'est guère
100 possible d'en mesurer la valeur sans connaître ces dernières. Nous pouvons nous attendre à ce que la poursuite de l'effort analytique nous réserve encore bien davantage d'informations sur la structure et le développement de la fonction sexuelle normale.

Afin de compléter le tableau de la vie sexuelle infantile, il faut ajouter qu'un choix d'objet analogue à celui que nous avons défini comme caractéristique de la phase de développement de la puberté est souvent, sinon régulièrement, effectué dès l'enfance, à savoir que l'ensemble des aspirations sexuelles se dirige vers une seule personne, dans laquelle elles cherchent à atteindre leurs buts. Tel est alors le point le plus proche de la forme définitive de la vie sexuelle après la puberté qui puisse être atteint pendant l'enfance. La seule différence réside dans le fait que la synthèse des pulsions partielles et leur subordination au primat des parties génitales n'est pas réalisée dans l'enfance, ou seulement de manière très imparfaite. L'établissement de ce primat au service de la reproduction est donc la dernière phase que traverse l'organisation sexuelle [1].

1. [*Ajouté en 1924 :*] J'ai moi-même modifié ultérieurement (1923) cette description en intercalant, à la suite des deux organisations prégénitales, une troisième phase dans le développement de l'enfant; celle-ci mérite déjà le nom de génitale, présente un objet sexuel et un certain degré de convergence des tendances sexuelles sur cet objet, mais

CHOIX D'OBJET EN DEUX TEMPS

On peut considérer comme un phénomène typique que le choix d'objet s'accomplisse en deux temps, en deux vagues. La première vague commence entre deux [a] et cinq ans et la période de latence entraîne sa stagnation ou son recul; elle se caractérise par la nature infantile de ses buts sexuels. La deuxième intervient avec la puberté et détermine la conformation définitive de la vie sexuelle.

Le fait, qui se réduit pour l'essentiel à l'effet de la 101
période de latence, que le choix d'objet se fasse en deux temps, a néanmoins une portée considérable sur les perturbations de cet état final. Les résultats du choix d'objet infantile réagissent sur la période ultérieure; ils sont soit conservés tels quels, soit ravivés à l'époque même de la puberté. Mais en raison du développement du refoulement, qui a lieu entre les deux phases, ils se révèlent inutilisables. Leurs buts sexuels ont subi une mitigation et constituent dès lors ce que nous pouvons appeler le courant *tendre* de la vie sexuelle. Seule l'investigation psychanalytique est en mesure de prouver que derrière cette tendresse, cette vénération et cette déférence se

se distingue de l'organisation définitive de la maturité sexuelle sur un point précis. Elle ne connaît en effet qu'une seule sorte d'organe génital, l'organe masculin. Je l'ai nommée de ce fait le stade *phallique* d'organisation (« L'organisation génitale infantile » [1923 *e*, p. 113 et s.]). D'après Abraham [1924], son prototype biologique est la disposition génitale indifférenciée de l'embryon, identique pour les deux sexes.

[On peut s'étonner que Freud, toujours soucieux de mettre à jour ses *Trois essais...* au fur et à mesure des apports nouveaux, n'ait pas intégré à l'édition de 1924 son article de l'année précédente sur l'« Organisation génitale infantile », d'autant plus que, d'une part, cet article a pour sous-titre : « À intercaler dans la théorie sexuelle », et que, d'autre part, il indique, dans le cours de son article, à quelle place (ici même) les idées qu'il développe devaient s'insérer dans le livre.]

a. « Trois ans », dans les trois premières éditions.

cachent les vieilles tendances sexuelles, désormais inutilisables, des pulsions partielles infantiles. Le choix d'objet de la puberté doit renoncer aux objets infantiles et prendre un nouveau départ en tant que courant *sensuel*. La non-convergence des deux courants a bien souvent pour conséquence que l'un des idéaux de la vie sexuelle, le rassemblement de tous les désirs sur un seul objet, ne peut être atteint [a].

[7] SOURCES DE LA SEXUALITÉ INFANTILE

En nous efforçant de retracer les origines de la pulsion sexuelle, nous avons découvert jusqu'à présent que l'excitation sexuelle naît : *a)* en tant que reproduction d'une satisfaction éprouvée en connexion avec d'autres processus organiques, *b)* sous l'effet d'une stimulation périphérique adéquate des zones érogènes, *c)* en tant qu'expression de certaines « pulsions » dont nous ne saisissons pas encore parfaitement la provenance, telles que la pulsion scopique et la pulsion de cruauté. La recherche psychanalytique, qui, partant d'une époque plus tardive, remonte jusqu'à l'enfance, et les observations faites simultanément sur l'enfant s'unissent à présent pour nous indiquer encore d'autres sources régulières de l'excitation sexuelle. L'observation de l'enfant a l'inconvénient de traiter d'objets
102 qu'il est facile de méconnaître, la psychanalyse rencontre des obstacles parce qu'elle ne peut atteindre ses objets ni arriver à ses conclusions sans emprunter de longs détours; en conjuguant leur action, les deux méthodes

a. Voir, sur ce thème des deux courants : « Contributions à la psychologie de la vie amoureuse » (Freud, 1912 *d*), p. 59 et s.

parviennent cependant à un degré suffisant de certitude dans leurs découvertes.

En examinant les zones érogènes, nous avions déjà découvert que ces endroits de la peau ne se distinguent que par une accentuation particulière d'une sorte de stimulabilité que l'on retrouve, à un certain degré, sur toute la surface épidermique. Nous ne serons donc pas surpris d'apprendre qu'il convient d'attribuer à certaines sortes de stimulations générales de l'épiderme des effets très nettement érogènes. Parmi celles-ci, nous mentionnerons en particulier les stimulations thermiques; peut-être notre compréhension de l'effet thérapeutique des bains chauds sera-t-elle ainsi facilitée.

EXCITATIONS MÉCANIQUES

Il nous faut encore ajouter à cela la production d'excitation sexuelle au moyen de secousses mécaniques rythmiques imprimées au corps, dans lesquelles nous aurons à distinguer trois espèces de stimulations agissant respectivement sur l'appareil sensoriel des nerfs vestibulaires, sur la peau et sur les parties profondes (muscles, articulations). En raison des sensations de plaisir qui naissent à cette occasion [a] – il vaut la peine de souligner qu'il nous sera permis d'employer ici pendant un certain temps les termes d'« excitation sexuelle » et de « satisfaction » de façon indistincte, à

a. Nous avons respecté scrupuleusement la construction de cette phrase, telle qu'elle apparaît dans le texte, bien que le résultat puisse paraître curieux dans la mesure où les mots : « En raison des sensations de plaisir qui surgissent à cette occasion », ne sont suivis d'aucune conséquence qui soit susceptible de s'y rapporter. Il semble en effet que ni l'incidente entre tirets, ni la seconde partie de la phrase ne remplissent cette fonction, comme en témoigne la séparation introduite par la ponctuation. Il y a donc tout lieu de penser que la phrase allemande est elle-même incorrecte, ou tout au moins incomplète.

charge pour nous de chercher à éclaircir ce point plus tard –; nous trouvons ainsi une preuve du plaisir engendré par certains ébranlements mécaniques du corps dans le fait que les enfants aiment tant les jeux de mouvement passif, comme lorsqu'on les balance ou qu'on les fait voler dans les airs, et ne cessent d'en réclamer la répétition [1]. Il est notoire que le bercement est régulièrement utilisé pour endormir les enfants agités. Les secousses des trajets en voiture et plus tard en chemin de fer exercent un effet si fascinant sur les enfants plus âgés que tous les garçons au moins ont, à un quelconque moment de leur existence, voulu devenir conducteurs de
103 locomotive ou cochers. Ils ont coutume d'accorder un intérêt énigmatique d'une intensité extraordinaire au trafic ferroviaire et d'en faire à l'âge de l'activité fantasmatique (peu avant la puberté) le noyau d'une symbolique éminemment sexuelle. La compulsion à associer de la sorte le déplacement en chemin de fer avec la sexualité provient manifestement du caractère plaisant des sensations de mouvement. Si, après cela, le refoulement s'y ajoute, qui retourne tant de préférences enfantines en leur contraire, ces mêmes personnes, devenues des adolescents ou des adultes, réagiront par un état nauséeux au bercement ou au balancement, seront terriblement épuisées par un voyage en chemin de fer ou seront sujettes à des accès d'angoisse pendant le trajet et se protégeront de la répétition de cette pénible expérience à l'aide de l'*angoisse des chemins de fer* [a].

À cela vient s'ajouter le fait – encore incompris – que

1. Bien des personnes sont en mesure de se souvenir qu'elles ont ressenti directement comme un plaisir sexuel l'impact de l'air brassé sur les parties génitales.

a. « *Eisenbahnangst.* »

la conjonction de l'effroi et des secousses mécaniques engendre la grave névrose traumatique hystériforme [a]. On peut à tout le moins admettre que ces influences, qui, à moindre intensité, deviennent des sources d'excitation sexuelle, provoquent une altération profonde du mécanisme ou du chimisme [b] sexuel lorsqu'elles agissent avec une puissance excessive.

ACTIVITÉ MUSCULAIRE

C'est un fait bien connu qu'une activité musculaire énergique et abondante est pour l'enfant un besoin dont la satisfaction lui procure un plaisir extraordinaire. La question de savoir si ce plaisir a quelque chose à voir avec la sexualité, voire s'il recèle une satisfaction sexuelle ou s'il peut devenir l'occasion d'une excitation sexuelle, peut donner matière à des considérations critiques, qui s'adresseront sans doute aussi à la thèse émise plus haut, selon laquelle le plaisir engendré par les sensations de mouvement passif est de nature sexuelle ou provoque l'excitation sexuelle. Le fait est, cependant, qu'un bon nombre de personnes rapportent qu'elles ont éprouvé les premiers signes d'excitation dans leurs parties génitales au cours d'empoignades ou de luttes avec leurs compagnons de jeu, situation
dans laquelle les effets du contact multiplié avec la peau 104
de l'adversaire s'ajoutent à ceux de la tension musculaire générale. Le penchant aux joutes musculaires avec une personne déterminée, comme plus tard aux joutes

a. Rappelons que Freud s'était beaucoup intéressé à ces phénomènes dans de nombreux textes « prépsychanalytiques » consacrés à l'hypnose et à l'hystérie. À la suite de Charcot, il considérait déjà ces états traumatiques *(railway-spine)* comme hystériques, sans les rattacher explicitement, comme il le fait ici, à la sexualité. Le thème sera repris plus en détail dans *Au-delà du principe de plaisir* (1920 *g*).

b. Les mots : « ou du chimisme », ont été rajoutés en 1924.

verbales (« ceux qui s'aiment se taquinent [a] ») est un signe sûr de ce que le choix d'objet se dirige vers cette personne. On pourrait reconnaître une des racines de la pulsion sadique dans le fait que l'excitation sexuelle est favorisée par l'activité musculaire. Pour de nombreux individus, l'association infantile entre la lutte corporelle et l'excitation sexuelle détermine la direction qui sera privilégiée ultérieurement par leur pulsion sexuelle [1].

PROCESSUS AFFECTIFS Les autres sources de l'excitation sexuelle chez l'enfant prêtent moins à controverses. Il est facile d'établir par l'observation directe comme par l'exploration ultérieure que tous les processus affectifs relativement intenses, y compris les excitations liées à l'effroi, empiètent sur la sexualité, ce qui peut, du reste, faciliter la compréhension de l'effet pathogène d'émotions de ce genre. Chez l'écolier, la peur d'être interrogé, la tension d'un devoir difficile à résoudre peuvent déterminer l'irruption de manifestations sexuelles aussi bien que l'attitude vis-à-vis de l'école, dans la mesure où, dans de telles circonstances, on voit souvent apparaître une sensation de stimulation qui pousse l'enfant à toucher ses parties génitales, ou un processus semblable à une pollution avec toutes ses conséquences troublantes. Le

1. [*Ajouté en 1910 :*] L'analyse des cas de troubles névrotiques de la marche et d'angoisse des espaces [*Raumangst*] lève le doute concernant la nature sexuelle du plaisir de se mouvoir. L'éducation culturelle moderne, comme on sait, se sert du sport à une vaste échelle afin de détourner la jeunesse de l'activité sexuelle; il serait plus juste de dire qu'elle remplace chez les jeunes la jouissance sexuelle par le plaisir du mouvement et pousse l'activité sexuelle à un retour vers l'une de ses composantes autoérotiques.

a. « *Was sich liebt, das neckt sich.* »

comportement des enfants à l'école, qui pose quantité de problèmes aux maîtres, mérite en général d'être mis en relation avec leur sexualité naissante. L'effet sexuellement excitant de bien des affects déplaisants en soi, de l'inquiétude, de la terreur, de l'épouvante, subsiste chez un grand nombre d'êtres humains d'un bout à l'autre
de leur vie d'adulte et peut nous expliquer pourquoi 105
tant de personnes quêtent avec ardeur l'occasion de ce genre de sensations, pour autant, toutefois, que certaines conditions annexes (l'appartenance à un monde imaginaire : lectures, théâtre) tempèrent la gravité de la sensation de déplaisir.

S'il était légitime de supposer que le même effet érogène peut également être imputé à des sensations douloureuses intenses, en particulier lorsque la douleur est atténuée ou tenue à distance par une condition annexe, nous tiendrions dans cette corrélation une des racines de la pulsion sado-masochiste, dont nous parvenons ainsi peu à peu à pénétrer la composition disparate [1].

TRAVAIL INTELLECTUEL Enfin, il est impossible de méconnaître que la concentration de l'attention sur une tâche intellectuelle et la tension intellectuelle en général entraînent chez de nombreux adolescents et adultes une excitation sexuelle concomitante qui doit sans doute être considérée comme le seul fondement légitime du point de vue, autrement si contestable, qui fait dériver certains troubles nerveux d'un « surmenage » intellectuel [a].

1. [*Ajouté en 1924* :] Ce qu'il est convenu d'appeler le masochisme « érogène » [cf. p. 70, note 1].

a. Voir « La sexualité dans l'étiologie des névroses » (Freud, 1898 *a*), p. 84-85.

Si, après ces échantillons et ces indications qui n'ont pas été exposés de façon complète ni intégralement énumérés, nous jetons un regard d'ensemble aux sources de l'excitation sexuelle enfantine, nous pouvons imaginer ou constater les caractères généraux suivants : les choses semblent concourir de la façon la plus large à mettre en mouvement le procès de l'excitation sexuelle – dont l'essence, il est vrai, nous paraît à présent bien énigmatique. S'y emploient avant tout d'une manière plus ou moins directe les excitations des surfaces sensibles – peau et organes des sens – et, de la manière la plus immédiate, les stimulations agissant sur certains endroits qui sont à désigner comme zones érogènes. En ce qui concerne ces sources de l'excitation sexuelle, l'élément déterminant est sans doute la qualité des stimulations, bien que le facteur constitué par l'intensité (dans le cas de la douleur) ne soit pas totalement indifférent. Mais, en outre, il y a dans l'organisme des dispositifs qui font
106 que l'excitation sexuelle surgit comme effet secondaire dans un grand nombre de processus internes, pour peu que l'intensité de ces processus ait dépassé certaines limites quantitatives. Ce que nous avons appelé les pulsions partielles de la sexualité soit dérive directement de ces sources internes de l'excitation sexuelle, soit s'assemble à partir d'éléments provenant de ces sources et de zones érogènes. Il se peut que rien d'important ne se passe dans l'organisme sans fournir sa contribution à l'excitation de la pulsion sexuelle.

Il ne me paraît pas possible pour le moment de donner plus de clarté et d'exactitude à ces propositions générales, et j'en attribue la responsabilité à deux facteurs : premièrement, la nouveauté de toute cette façon de voir et, deuxièmement, le fait que l'essence de l'excitation sexuelle nous est encore entièrement inconnue. Néanmoins, je ne voudrais pas me priver d'ajouter deux remarques qui promettent d'ouvrir de larges horizons :

VARIÉTÉ DES CONSTITUTIONS SEXUELLES

a) De même que nous avions envisagé plus haut la possibilité d'établir une multiplicité de constitutions sexuelles innées sur la base des différences dans le développement des zones érogènes, de même nous pouvons à présent tenter d'y parvenir en tenant compte des sources indirectes de l'excitation sexuelle. Il nous est permis d'admettre que ces sources délivrent en effet des affluents chez tous les individus, mais qui ne sont pas chez tous d'une force égale, et qu'on trouvera dans le développement privilégié de telle ou telle source de l'excitation sexuelle une contribution supplémentaire à la différenciation des diverses constitutions sexuelles [1].

VOIES D'INFLUENCE RÉCIPROQUE

b) En abandonnant le mode d'expression figuré dont nous nous sommes servis si longtemps et dans lequel nous parlions de « sources » de l'excitation sexuelle, nous aboutissons 107
à l'idée que toutes les voies de communication, qui, en partant d'autres fonctions, mènent à la sexualité, doivent être également praticables en sens inverse. Si, par exemple, l'occupation commune de la zone labiale par les deux

1. [Cf. p. 87. *Ajouté en 1920 :*] La conséquence inévitable de ces considérations est qu'il faut prêcher à chaque individu un érotisme oral-anal-urinaire, etc., et que la constatation des complexes psychiques correspondants à ces formes d'érotisme n'implique pas que soit porté un jugement d'anomalie ou de névrose. Les différences qui séparent le normal de l'anormal ne peuvent reposer que sur la force relative des composantes isolées de la pulsion sexuelle et sur l'usage qui en est fait au cours du développement.

fonctions est la raison pour laquelle l'ingestion d'aliments engendre une satisfaction sexuelle, le même facteur nous permet aussi de comprendre les troubles de l'alimentation qui s'installent lorsque les fonctions érogènes de la zone commune sont perturbées. Puisque nous savons que la concentration de l'attention est susceptible de provoquer une excitation sexuelle, nous pouvons aisément supposer qu'en agissant sur la même voie, mais en sens inverse, l'état d'excitation sexuelle influe sur la disponibilité de l'attention. Une bonne part de la symptomatologie des névroses que je fais dériver de perturbations des processus sexuels se manifeste sous forme de troubles des autres fonctions corporelles, non sexuelles, et cet effet, jusqu'ici incompréhensible, devient moins énigmatique dès lors qu'il ne constitue que la contrepartie des influences qui régissent la production de l'excitation sexuelle.

Mais les mêmes voies par lesquelles les troubles sexuels se répercutent sur les autres fonctions corporelles devraient aussi servir chez le bien-portant à un autre usage important. C'est par elles que devrait s'opérer l'attraction des forces pulsionnelles sexuelles vers d'autres buts que des buts sexuels, autrement dit la sublimation de la sexualité. Il nous faut avouer, pour conclure, que nous savons encore bien peu de choses certaines au sujet de ces voies, qui certainement existent et qui, probablement, sont praticables dans les deux sens.

III

LES MÉTAMORPHOSES DE LA PUBERTÉ

L'avènement de la puberté inaugure les transformations qui doivent mener la vie sexuelle infantile à sa forme normale définitive. La pulsion sexuelle était jusqu'ici essentiellement autoérotique, elle trouve à présent l'objet sexuel. Son activité provenait jusqu'ici de pulsions isolées et de zones érogènes qui, indépendamment les unes des autres, recherchaient comme unique but sexuel un certain plaisir. Maintenant, un nouveau but sexuel est donné, à la réalisation duquel toutes les pulsions partielles collaborent, tandis que les zones érogènes se subordonnent au primat de la zone génitale [1]. Comme le nouveau but sexuel assigne aux deux sexes des fonctions très différentes, leur développement sexuel diverge considérablement. Celui de l'homme est le plus logique et aussi le plus accessible à notre entendement, alors que celui de la femme va jusqu'à subir une sorte d'involution. La normalité de la vie sexuelle n'est garantie que par 108

1. [*Ajouté en 1915* :] La description schématique donnée dans le texte vise à faire ressortir les différences. Nous avons vu plus haut, p. 130 et s., jusqu'à quel point la sexualité infantile se rapproche de l'organisation sexuelle définitive par son choix d'objet et par le développement de la phase phallique. [Les termes « et par le développement de la phase phallique » n'ont été ajoutés qu'en 1924.]

l'exacte convergence des courants dirigés tous deux vers l'objet et le but sexuels : le courant tendre et le courant sensuel [a], dont le premier renferme ce qui subsiste de la prime floraison infantile de la sexualité. C'est comme lorsqu'on perce un tunnel des deux côtés à la fois.

109 Le nouveau but sexuel consiste chez l'homme dans la décharge [b] des produits sexuels ; il n'est nullement étranger au but plus ancien qui était d'atteindre le plaisir ; bien au contraire, l'apogée du plaisir est lié à cet acte terminal du processus sexuel. La pulsion sexuelle se met à présent au service de la fonction de reproduction ; elle devient pour ainsi dire altruiste. Pour que cette transformation réussisse, il faut que les prédispositions originelles et toutes les particularités des pulsions soient prises en compte dans le processus.

Là encore, comme dans tous les cas où de nouvelles connexions et de nouveaux assemblages aboutissant à des mécanismes plus compliqués doivent s'établir dans l'organisme, des troubles pathologiques ont l'occasion de se présenter si ces réaménagements n'ont pas lieu. Tous les troubles pathologiques de la vie sexuelle peuvent être considérés à juste titre comme des inhibitions du développement.

a. Ces derniers mots : « le courant tendre et le courant sensuel », ont été ajoutés en 1915, et la fin de la phrase en 1920.

b. *« Entladung. »*

ALTRUISME : Disposit° à s'intéresser et à se dévouer à autrui

[1] LE PRIMAT DES ZONES GÉNITALES ET LE PLAISIR PRÉLIMINAIRE

Le point de départ et le but final de l'évolution décrite apparaissent clairement devant nos yeux. Les passages intermédiaires nous sont encore obscurs à bien des égards; il nous faudra laisser planer plus d'une énigme à leur sujet.

On a choisi comme trait essentiel des processus pubertaires leur manifestation la plus frappante : la croissance manifeste des organes génitaux externes, dont le blocage relatif était caractéristique de la période de latence de l'enfance. Parallèlement, le développement des organes génitaux internes a progressé à un point tel qu'ils sont respectivement capables d'émettre des produits sexuels et de les accueillir dans le but de former un nouvel être vivant. Un appareil d'une grande complexité s'est ainsi constitué, qui attend impatiemment d'être utilisé.

Cet appareil doit être mis en action par des stimulations, et l'observation nous montre que des stimulations peuvent l'assaillir en provenant de trois voies différentes :
du monde extérieur, par l'excitation des zones érogènes 110
que nous connaissons déjà, de l'intérieur organique, par des voies qui restent à explorer, et de la vie psychique, qui se présente comme un entrepôt d'impressions externes et un poste de réception d'excitations internes. Ces trois voies aboutissent à un même état que l'on désigne comme « excitation sexuelle [a] » et qui se manifeste par deux sortes

a. « *Sexuelle Erregtheit.* »

de signes, psychiques et somatiques. Le signe psychique consiste en un sentiment particulier de tension, de caractère extrêmement pressant; parmi les multiples indices corporels, on trouve au premier plan une série de modifications des parties génitales qui ont un sens indubitable, celui d'une mise en condition, d'une préparation à l'acte sexuel. (L'érection du membre viril, la lubrification du vagin.)

LA TENSION SEXUELLE

Le caractère de tension de l'état d'excitation sexuelle pose un problème dont la résolution serait aussi difficile qu'importante pour l'interprétation des processus sexuels. Malgré toutes les divergences d'opinion qui règnent en psychologie sur la question, je dois maintenir qu'un sentiment de tension comporte nécessairement un caractère de déplaisir. Ce qui me paraît déterminant, c'est qu'un tel sentiment s'accompagne d'une exigence pressante de changement de la situation psychique et se fait sentir de manière impérieuse [a], ce qui est complètement étranger à l'essence du plaisir ressenti. Mais, si l'on range la tension de l'état d'excitation sexuelle parmi les sentiments de déplaisir, on se heurte au fait que cette tension est indubitablement ressentie comme pleine de plaisir. Invariablement, la tension provoquée par les processus sexuels est accompagnée de plaisir; même à l'occasion des modifications préparatoires des parties génitales, une sorte de sentiment de satisfaction

a. « *Treibend wirkt.* » Il nous paraît important de relever ici la racine commune de « *treibend* » et de « *Trieb* » : pulsion, d'autant plus que le terme de « *Drang* », dont on sait qu'il désigne ailleurs l'un des quatre éléments de la pulsion (la « poussée »), apparaît également dans cette phrase (nous l'avons rendu ici par « exigence pressante »).

peut être constaté. Comment, dès lors, accorder cette tension déplaisante et ce sentiment de plaisir?

Tout ce qui concerne le problème du plaisir et du déplaisir touche à l'un des points les plus sensibles de la psychologie actuelle. Nous tenterons de tirer des conditions du cas qui nous occupe autant d'informations que possible et nous nous abstiendrons d'entreprendre une approche globale du problème [1]. Jetons d'abord un coup 111
d'œil sur la manière dont les zones érogènes s'intègrent à l'ordre nouveau. Il leur revient un rôle important dans l'induction de l'excitation sexuelle. La plus éloignée, peut-être de l'objet sexuel : l'œil, est celle qui, dans le cadre de la quête de l'objet, se trouve le plus souvent en situation d'être stimulée par cette qualité particulière de l'excitation dont nous désignons la cause dans l'objet sexuel par le terme de beauté. C'est aussi pourquoi les qualités de l'objet sexuel sont appelées « attraits [a] ». D'un côté, cette stimulation s'accompagne déjà de plaisir, de l'autre, elle entraîne une accentuation de l'état d'excitation sexuelle, ou son apparition s'il n'existe pas encore. S'il n'y ajoute l'excitation d'une autre zone érogène, par exemple de la main en tant qu'organe tactile, l'effet est alors le même : sensation de plaisir d'un côté, bientôt renforcée par le plaisir tiré des modifications préparatoires, accroissement supplémentaire de la tension sexuelle de l'autre, qui se transforme bientôt en un déplaisir des plus marqués, s'il ne lui est pas possible de faire naître davantage de plaisir. Un autre cas est peut-être encore plus transparent, quand, par exemple, chez un individu

1. [*Ajouté en 1924* :] Cf. une tentative de résolution de ce problème dans les remarques introductives de mon article : « Le problème économique du masochisme » (1924 *c*).

a. « *Reize* », cf. notes a, p. 54, 1, p. 67 et d, p. 83.

qui n'est pas excité sexuellement, une zone érogène, telle que la peau des seins chez une femme, est excitée par des caresses. Cet attouchement provoque à lui seul un sentiment de plaisir, mais, en même temps, il est plus que tout autre propre à éveiller l'excitation sexuelle, laquelle réclame un supplément de plaisir. Comment le plaisir ressenti peut-il engendrer le besoin d'un plus grand plaisir? Voilà justement le problème.

MÉCANISME DU PLAISIR PRÉLIMINAIRE

Le rôle qui échoit à cette occasion aux zones érogènes est clair, cependant. Ce qui était valable pour l'une est valable pour toutes les autres. Elles sont toutes destinées à fournir, moyennant leur stimulation appropriée, une certaine somme de plaisir qui entraîne l'accroissement de la tension, lequel a de son côté à rassembler l'énergie motrice
112 nécessaire pour conduire l'acte sexuel à son terme. L'avant-dernière étape de cet acte est à nouveau la stimulation appropriée d'une zone érogène, de la zone génitale elle-même au niveau du *glans penis,* par l'objet le plus approprié à cet effet, la muqueuse vaginale; et du plaisir que procure cette excitation est tirée, cette fois-ci par voie réflexe, l'énergie motrice qui pourvoit à l'évacuation des matières sexuelles. Ce plaisir final est le plus élevé en intensité et diffère dans son mécanisme de ceux qui l'ont précédé. Il est entièrement provoqué par soulagement [a], entièrement plaisir de satisfaction, et avec lui s'éteint temporairement la tension de la libido.

Il ne me semble pas injustifié de fixer par une dénomination cette différence de nature entre le plaisir engendré par l'excitation des zones érogènes et celui qui accom-

a. « *Entlastung.* »

pagne l'évacuation des matières sexuelles. Le premier peut être légitimement désigné comme *plaisir préliminaire*, par opposition au *plaisir terminal* ou plaisir de satisfaction de l'activité sexuelle. Le plaisir préliminaire est en ce cas identique à ce que la pulsion sexuelle infantile était déjà en mesure de produire, quoique à un degré réduit; le plaisir terminal est nouveau et donc lié vraisemblablement à des conditions qui n'ont fait leur apparition qu'avec la puberté. La formule de la nouvelle fonction des zones érogènes pourrait dès lors être énoncée ainsi : elles sont destinées à rendre possible, grâce au plaisir préliminaire qui, comme dans la vie infantile, peut en être tiré, la production du plaisir plus grand de la satisfaction.

J'ai pu récemment élucider un autre exemple issu d'un domaine tout différent du devenir psychique, dans lequel un effet de plaisir supérieur était obtenu au moyen d'une sensation de plaisir moins intense qui agissait à la façon d'une prime d'incitation. Cela m'a également donné l'occasion d'analyser de plus près la nature du plaisir [1].

DANGERS DU PLAISIR PRÉLIMINAIRE

Le rapport entre le plaisir préliminaire et la vie sexuelle infantile est corroboré par le rôle pathogène qu'il peut être amené à jouer. Le mécanisme dont le plaisir préliminaire fait partie comporte manifestement un danger pour la réalisation du but sexuel normal, qui surgit dès lors qu'à 113

1. Voir mon étude publiée en 1905 : *Le mot d'esprit et ses rapports avec l'inconscient* [chap. IV, *in fine*]. Le « plaisir préliminaire » gagné grâce à la technique de l'esprit est destiné à libérer un plus grand plaisir par la suppression d'inhibitions internes. [Voir aussi : « Le créateur littéraire et la fantaisie » (1908 *e*), p. 81, où Freud relève le même mécanisme à propos du plaisir esthétique.]

un point quelconque des processus sexuels préparatoires le plaisir préliminaire en arrive à devenir trop grand et sa part de tension trop faible. Alors la force pulsionnelle qui assure la poursuite du processus disparaît, tout le trajet se raccourcit, l'action préparatoire en cause prend la place du but sexuel normal. L'expérience montre que cette situation dommageable suppose que la zone érogène concernée ou la pulsion partielle correspondante ont déjà contribué de manière inhabituelle au gain de plaisir durant l'enfance. Si d'autres facteurs s'y ajoutent, dont l'action conduit à une fixation, il en résultera facilement, plus tard, une compulsion qui s'opposera à l'intégration de ce plaisir préliminaire dans un nouveau contexte. Tel est, en fait, le mécanisme de nombreuses perversions qui consistent en un arrêt aux actes préparatoires du processus sexuel.

L'échec de la fonction du mécanisme sexuel par la faute du plaisir préliminaire sera évité de la meilleure façon lorsque le primat des zones génitales aura lui aussi été tracé dès l'enfance. Il semble effectivement que toutes les dispositions soient prises à cet effet dans la deuxième moitié de l'enfance (de l'âge de huit ans à la puberté). Pendant ces années-là, les zones génitales se comportent déjà à peu près de la même manière qu'au temps de la maturité; elles deviennent le siège de sensations d'excitation et de modifications préparatoires lorsqu'un quelconque plaisir est éprouvé du fait de la satisfaction d'autres zones érogènes, bien que cet effet soit encore sans finalité, autrement dit ne contribue en rien à la poursuite du processus sexuel. Une certaine somme de tension sexuelle, quoique moins constante et moins importante, apparaît donc déjà dans les années d'enfance à côté du plaisir de satisfaction; et nous sommes dès

lors en mesure de comprendre pourquoi, dans la dis- 114
cussion relative aux sources de la sexualité, nous pouvions dire à juste titre que le processus en cause entraîne aussi bien la satisfaction sexuelle que l'excitation sexuelle [a]. Nous remarquerons que, sur le chemin de la découverte, nous avons d'abord exagéré les différences entre la vie sexuelle infantile et celle de l'âge adulte et nous apportons à présent la correction nécessaire. Les manifestations infantiles de la sexualité ne déterminent pas seulement les déviations de la vie sexuelle normale, mais aussi sa forme normale.

[2] LE PROBLÈME DE L'EXCITATION SEXUELLE

Nous n'avons absolument pas expliqué jusqu'ici d'où provenait la tension sexuelle qui naît en même temps que le plaisir lors de la satisfaction des zones érogènes, ni quelle était son essence [1]. La première hypothèse qui vient à l'esprit, à savoir que cette tension résulte d'une manière ou d'une autre du plaisir lui-même, n'est pas seulement très invraisemblable en soi, mais elle est aussi rendue caduque par le fait qu'au moment du plus grand plaisir, qui est lié à l'évacuation des produits sexuels,

1. Il est extrêmement instructif de constater que la langue allemande rend compte, dans son usage du mot « *Lust* », du rôle évoqué dans le texte des excitations sexuelles préparatoires, qui fournissent en même temps une part de satisfaction et une contribution à la tension sexuelle. « *Lust* » a un double sens et désigne aussi bien la sensation de la tension sexuelle (« *Ich habe Lust* » : j'ai envie, je ressens l'urgence), que celle de la satisfaction. [Cf. p. 37, note 1 et p. 67, note a.]

a. Cf. p. 133-134.

aucune tension n'est provoquée, mais qu'au contraire toute tension est supprimée. Plaisir et tension sexuelle ne peuvent donc être liés entre eux que de façon indirecte.

RÔLE DES MATIÈRES SEXUELLES

Outre le fait que, normalement, seule la décharge des matières sexuelles met fin à l'excitation sexuelle, il y a encore d'autres points de repère qui permettent d'établir un rapport entre la tension sexuelle et les produits sexuels. Dans le cas d'une vie d'abstinence, l'appareil sexuel a coutume, à des périodes variables, mais qui ne sont pas sans obéir à des règles, de se débarrasser des matières sexuelles pendant la nuit sous l'effet d'une sensation de plaisir et au cours de l'hallucination onirique d'un acte sexuel; et, en ce qui concerne ce phénomène – la pollution nocturne – il est difficile d'éliminer l'idée
115 que la tension sexuelle, qui sait trouver le raccourci hallucinatoire en remplacement de l'acte, est fonction de l'accumulation de semence dans les réservoirs des produits sexuels. Les expériences réalisées sur l'épuisement du mécanisme sexuel fournissent des arguments dans le même sens. Lorsque les réserves séminales sont épuisées, non seulement l'accomplissement de l'acte sexuel est impossible, mais la stimulabilité des zones érogènes fait défaut et leur excitation par des moyens appropriés est alors incapable de provoquer le plaisir. Nous apprenons ainsi en passant qu'un certain degré de tension sexuelle est nécessaire même pour que les zones érogènes soient excitables.

On serait ainsi poussé vers l'hypothèse, qui, si je ne me trompe, est assez généralement répandue, selon laquelle l'accumulation des matières sexuelles créerait et entretiendrait la tension sexuelle, ce qui pourrait s'expliquer par la pression de ces produits sur les parois de leurs réservoirs, laquelle agirait en tant que *stimulus* sur un centre spinal dont l'état serait perçu par des centres supérieurs et provoquerait alors dans la conscience la sensation familière de tension. Le fait que l'excitation des zones érogènes augmente la tension sexuelle impliquerait nécessairement que les zones érogènes soient liées à ces centres par des connexions anatomiques préformées, qu'elles y élèvent le tonus de l'excitation, qu'elles mettent en marche l'acte sexuel lorsque la tension sexuelle est suffisante et qu'elles activent la production de matières sexuelles lorsque la tension est insuffisante [a].

La faiblesse de cette théorie, que l'on retrouve dans la description des processus sexuels de von Krafft-Ebing, réside dans le fait que, construite pour l'activité sexuelle de l'homme adulte, elle ne prend guère en considération trois types de situations qu'elle devrait également expliquer. Il s'agit des faits tels qu'ils se présentent chez l'enfant, chez la femme et chez le castrat mâle. Dans aucun de ces trois cas il n'est question d'une accumulation de produits sexuels au même sens que chez l'homme, ce qui rend difficile l'application pure et simple du schéma; néanmoins, on peut concéder, sans 116
plus, qu'il serait possible de trouver des indications permettant d'y faire rentrer également ces cas-là. Il reste, en tout cas, qu'il faut se garder d'attribuer au facteur de l'accumulation des produits sexuels des effets qu'il semble incapable de produire.

a. Voir l'article sur la névrose d'angoisse (1895 *b*), « Qu'il est justifié... », III, p. 15-38, où Freud développe déjà cette hypothèse.

IMPORTANCE DES PARTIES SEXUELLES INTERNES Le fait que l'excitation sexuelle puisse être, à un degré considérable, indépendante de la production des matières sexuelles, semble ressortir des observations de castrats mâles, chez qui la libido échappe parfois à la limitation consécutive à l'opération, même si le résultat inverse, qui est aussi le but de l'opération, est de règle. En outre, on sait depuis longtemps que des maladies qui ont anéanti la production de cellules sexuelles masculines laissent intactes la libido et la puissance sexuelle de l'individu devenu stérile [a]. Il n'est dès lors nullement aussi surprenant que C. Rieger [1900] le prétend, de constater que la perte des glandes génitales masculines chez l'adulte puisse rester sans autre influence sur le comportement psychique de l'individu [b]. Il est vrai que la castration effectuée à l'âge tendre d'avant la puberté se rapproche dans ses effets du but recherché – la suppression des caractères sexuels –, mais, là encore, il se pourrait qu'intervienne, en dehors de la perte des glandes sexuelles en elle-même, une inhibition – liée à cette perte – du développement d'autres facteurs.

a. Phrase ajoutée en 1920.

b. Dans les trois premières éditions, le texte se poursuivait à cet endroit par la phrase suivante : « Car les glandes sexuelles ne font pas la sexualité et les observateurs de castrats mâles confirment ce qui a pu être démontré il y a longtemps par l'ablation des ovaires : à savoir qu'il est impossible de supprimer les caractères sexuels en enlevant les glandes sexuelles. » D'autre part, la deuxième partie de la phrase finale (après « caractères sexuels ») commençait avant 1920 par : « mais il semble que ce qui intervient ici n'est pas la perte effective des glandes sexuelles, mais une inhibition... ».

THÉORIE CHIMIQUE

Des expérimentations animales d'ablation des glandes génitales (testicules et ovaires) et de greffe de nouveaux organes similaires de l'autre sexe, pratiquées sur des vertébrés (cf. l'ouvrage déjà cité de Lipschütz, p. 99, note), ont enfin jeté une lumière partielle sur la provenance de l'excitation sexuelle et ont encore réduit, ce faisant, l'importance d'une éventuelle accumulation des produits sexuels cellulaires. Il a été possible expérimentalement (E. Steinach) de transformer un mâle en femelle et, inversement, une femelle en mâle, en conséquence de quoi le comportement psychosexuel des animaux s'est modifié en fonction des caractères sexuels somatiques et simultanément avec eux. Il semble
cependant que cette influence déterminant le sexe ne 117
doive pas être attribuée à la partie de la glande génitale qui produit les cellules sexuelles spécifiques (spermatozoïdes et ovule), mais à son tissu interstitiel qui, pour cette raison, est mis en relief par les auteurs en tant que « glande pubertaire ». Il est tout à fait possible que de nouvelles expériences révèlent que la disposition normale de la glande pubertaire est hermaphrodite, moyennant quoi la théorie de la bisexualité des animaux supérieurs trouverait un fondement anatomique, et il est vraisemblable, dès maintenant, qu'elle n'est pas le seul organe concerné par la production de l'excitation sexuelle et des caractères sexuels. Quoi qu'il en soit, cette nouvelle découverte biologique se rattache à ce que nous avons déjà appris auparavant sur le rôle de la glande thyroïde dans la sexualité. Nous sommes dès lors en droit de croire que la partie interstitielle des glandes génitales sécrète des substances chimiques particulières qui, recueillies dans la circulation sanguine, font que certaines parties du système nerveux central se chargent de tension sexuelle,

sur le modèle de cas analogues que nous connaissons, où l'introduction d'autres toxines étrangères au corps donne lieu à la transposition d'une stimulation toxique en stimulation organique spécifique. La question de savoir comment l'excitation sexuelle naît de la stimulation des zones érogènes, les appareils centraux ayant été préalablement chargés, et quelles intrications [a] de stimulations purement toxiques et physiologiques se produisent à l'occasion de ces processus sexuels, ne saurait, même sous forme d'hypothèse, être traitée en l'état actuel de nos connaissances. Qu'il nous suffise de retenir, comme ce qui nous paraît essentiel dans cette conception des processus sexuels, l'hypothèse de substances particulières dérivant du métabolisme sexuel [b]. Car cette thèse appa-

a. « *Verwicklungen.* »

b. Exception faite des deux phrases finales, qui datent de 1905, l'ensemble de ce paragraphe est de 1920. Auparavant, on trouvait à sa place le passage suivant : « La vérité est que nous ne pouvons donner aucune information sur l'essence de l'excitation sexuelle, ceci avant tout parce que nous ne savons pas à quel organe ou quelle série d'organes rattacher la sexualité, depuis que nous comprenons que nous avons surestimé l'importance des glandes sexuelles sur ce plan. Après que des découvertes étonnantes nous ont fait connaître le rôle important de la thyroïde dans la sexualité, nous sommes en droit de supposer que la découverte des facteurs essentiels de la sexualité reste encore à faire. Celui qui ressent le besoin de combler cette importante lacune de notre savoir par une hypothèse provisoire pourra, en s'appuyant sur les substances actives découvertes dans la thyroïde, se représenter les choses de la façon suivante : sous l'effet d'une stimulation adéquate des zones érogènes, comme dans les autres circonstances susceptibles d'entraîner une excitation sexuelle concomitante, une substance répandue dans tout l'organisme se décomposerait, et les produits de cette décomposition provoqueraient une stimulation spécifique des organes de la reproduction ou du centre spinal connecté à ces organes, sur le modèle de cas analogues que nous connaissons, où l'introduction d'autres toxines étrangères au corps donne lieu à la transposition d'une stimulation toxique en stimulation organique spécifique. La question des intrications de stimulations purement toxiques et physiologiques qui

remment arbitraire est soutenue par un fait auquel on a accordé peu d'intérêt mais qui mérite néanmoins la plus grande attention. Les névroses, qui ne peuvent être imputées qu'à des troubles de la vie sexuelle, présentent la plus grande ressemblance clinique avec les phénomènes de l'intoxication et de l'état de manque résultant de l'ingestion habituelle de substances toxiques (alcaloïdes) qui procurent du plaisir.

[3] LA THÉORIE DE LA LIBIDO [a] 118

Le support représentatif que nous nous sommes forgé afin de maîtriser les manifestations psychiques de la vie sexuelle s'accorde bien avec ces hypothèses sur le fondement chimique de l'excitation sexuelle. Nous avons défini le concept de *libido* comme une force quantitati-

se produisent à l'occasion des processus sexuels ne saurait, même sous forme d'hypothèse, être traitée en l'état actuel de nos connaissances. Je n'attache du reste aucune valeur à cette hypothèse particulière et je serais prêt à l'abandonner sur-le-champ pour une autre, à condition que son caractère fondamental, la mise en relief du chimisme sexuel, soit maintenu. » – Comme on voit, les modifications auxquelles Freud fut contraint après la découverte des hormones sexuelles ont été minimes. Sans doute avait-il déjà eu l'intuition de cette découverte bien auparavant, comme en témoignent les lettres 42, du 1er.3.1896 et 44, du 2.4.1896, à Fliess (Freud, 1950 *a*). Freud soulignera encore l'importance du facteur chimique dans un texte à peu près contemporain des *Trois essais* : « Mes vues sur le rôle de la sexualité dans l'étiologie des névroses » (1906 *a*), p. 121. Ce n'est pas sans regrets qu'il constatera par la suite que « les particularités chimiques des processus sexuels... attendent encore qu'on les découvre », cf. *Conférences d'introduction à la psychanalyse* (1916-1917).

a. Toute cette section, à l'exception des trois dernières phrases, date de 1915. Elle s'inspire très largement des idées développées dans « Pour introduire le narcissisme » (1914 *c*).

vement variable permettant de mesurer les processus et les transpositions dans le domaine de l'excitation sexuelle. Nous distinguons cette libido de l'énergie qu'il faut supposer à la base des processus psychiques en général, en nous référant à son origine particulière, et nous lui prêtons ainsi également un caractère qualitatif. En distinguant l'énergie libidinale et les autres formes d'énergie psychique, nous traduisons la présupposition selon laquelle les processus sexuels de l'organisme se différencient des processus nutritifs par un chimisme particulier. L'analyse des perversions et des psychonévroses nous a fait voir que cette excitation sexuelle ne vient pas seulement des parties dites génitales mais de tous les organes du corps. Nous nous formons par conséquent la représentation d'un quantum de libido, dont nous appelons le représentant psychique [a] : *libido du moi,* et dont la production, l'augmentation ou la diminution, la distribution et le déplacement devraient nous offrir les moyens d'expliquer les phénomènes psychosexuels observés.

Mais cette libido du moi ne devient aisément accessible à l'étude analytique que lorsqu'elle a trouvé son utilisation psychique constituée par l'investissement d'objets sexuels, autrement dit qu'elle est devenue *libido d'objet.* Nous la voyons alors se concentrer sur des objets, s'y fixer ou au contraire abandonner ces objets, passer de ces objets à d'autres et, de ces positions, diriger l'activité sexuelle de l'individu, qui conduit à la satisfaction, c'est-à-dire à l'extinction partielle et temporaire de la libido.
119 La psychanalyse de ce qu'on appelle les névroses de transfert (hystérie et névrose obsessionnelle) nous donne sur ce point une sûre vision des choses.

a. « *Psychische Vertretung.* »

En ce qui concerne les destins de la libido d'objet, nous pouvons encore constater qu'elle est retirée des objets, maintenue en suspens dans des états particuliers de tension, et finalement ramenée dans le moi, de sorte qu'elle redevient libido du moi. Par opposition à la libido d'objet, nous appelons également la libido du moi : *libido narcissique*. Notre regard part de la psychanalyse pour se porter, comme au-delà d'une frontière qu'il ne nous est pas permis de franchir, sur les mécanismes de la libido narcissique et nous nous formons une représentation du rapport entre les deux libidos [1]. La libido narcissique ou libido du moi nous apparaît comme le grand réservoir d'où sont envoyés les investissements d'objet et dans lequel ils sont à nouveau retirés; et l'investissement libidinal narcissique du moi comme l'état originel réalisé dans la première enfance, que les émissions ultérieures de la libido ne font que masquer et qui au fond subsiste derrière elles.

Le but d'une théorie libidinale des troubles névrotiques et psychotiques devrait être d'exprimer tous les phénomènes observés et les processus inférés en termes d'économie libidinale. Il est facile à deviner que les destins de la libido du moi se verront attribuer à cette occasion une importance majeure, surtout lorsqu'il s'agira d'expliquer les troubles psychotiques plus profonds. La difficulté de cette tâche réside dans le fait que l'instrument de notre investigation, la psychanalyse, ne nous fournit des informations sûres que sur les transformations intéressant la libido d'objet [2], mais est incapable de

1. [*Ajouté en 1924* :] Cette restriction n'a plus la même valeur depuis que d'autres névroses que les « névroses de transfert » sont devenues plus largement accessibles à la psychanalyse.

2. [*Ajouté en 1924* :] Voir la note précédente.

différencier sans problèmes la libido des autres énergies qui agissent dans le moi [1]. C'est pourquoi [a] il n'est
120 possible, pour l'instant, de poursuivre la théorie de la libido que par la voie de la spéculation. Mais on renonce à tout l'acquis de l'observation psychanalytique depuis ses débuts si, en suivant l'exemple de C.G. Jung, on dilue le concept même de libido en le confondant avec la force pulsionnelle psychique en général.

La distinction des motions pulsionnelles sexuelles d'avec les autres et, partant, la limitation du concept de libido aux premières trouve un puissant soutien dans l'hypothèse exposée plus haut d'un chimisme particulier de la fonction sexuelle.

[4] DIFFÉRENCIATION DE L'HOMME ET DE LA FEMME

On sait que ce n'est qu'à la puberté que s'établit la séparation tranchée des caractères masculin et féminin, opposition qui, plus que nulle autre, a par la suite une influence déterminante sur le mode de vie des êtres humains. Les prédispositions masculine et féminine sont certes déjà aisément reconnaissables dans l'enfance; le développement des inhibitions de la sexualité (pudeur, dégoût, compassion, etc.) s'accomplit plus précocement

1. [*Ajouté en 1915* :] Voir « Pour introduire le narcissisme » (1914 *c*). [*Ajouté en 1920* :] Le terme de « narcissisme » n'a pas été créé, comme je l'ai indiqué par erreur dans ce texte par Näcke, mais par H. Ellis. [La question de la paternité du terme fut abordée par la suite par H. Ellis lui-même (« The Conception of Narcissism », 1927), qui reconnut que les mérites de sa création devaient être partagés.]

a. La fin de cette section a été ajoutée en 1920.

chez la petite fille et rencontre moins de résistance que chez le garçon; le penchant au refoulement sexuel semble généralement plus grand; lorsque les pulsions partielles de la sexualité se manifestent, elles préfèrent la forme passive. Mais l'activité autoérotique des zones érogènes est la même pour les deux sexes et, en raison de cette concordance, la possibilité d'une différence des sexes, telle que celle qui se met en place après la puberté, est supprimée pour la durée de l'enfance. Eu égard aux manifestations sexuelles autoérotiques et masturbatoires, on pourrait formuler la thèse suivante : la sexualité des petites filles a un caractère entièrement masculin. Bien plus, si l'on était capable de donner un contenu plus précis aux concepts de « masculin et féminin », il serait même possible de soutenir que la libido [a] est, de façon régulière et conforme à des lois, de nature masculine, qu'elle se manifeste chez l'homme ou chez la femme, et abstraction faite de son objet, que celui-ci soit l'homme 121
ou bien la femme [1].

a. Avant 1924, la suite de cette phrase était soulignée.

1. [*Ajouté en 1915* :] Il est indispensable de se rendre compte que les concepts de « masculin » et de « féminin », dont le contenu paraît si peu équivoque à l'opinion commune, font partie des notions les plus confuses du domaine scientifique et comportent au moins trois orientations différentes. On emploie les mots masculin et féminin tantôt au sens d'*activité* et de *passivité*, tantôt au sens *biologique*, tantôt encore au sens *sociologique*. La première de ces trois significations est essentielle et c'est elle qui sert le plus en psychanalyse. C'est à elle que nous nous référons en décrivant ci-dessus la libido comme masculine, car la pulsion est toujours active même quand elle s'est fixée un but passif. La deuxième signification – biologique – de masculin et féminin est celle qui permet la définition la plus claire. Masculin et féminin sont ici caractérisés par la présence respective du spermatozoïde ou de l'ovule et par les fonctions qui en découlent. L'activité et ses manifestations annexes : accentuation du développement musculaire, agression, accroissement de l'intensité de la libido, sont en règle générale soudées à la

Depuis que j'ai eu connaissance de la thèse de la bisexualité [a], je tiens ce facteur pour déterminant dans ce domaine et je pense que si l'on ne tient pas compte de la bisexualité on ne parviendra guère à comprendre les manifestations sexuelles qui peuvent effectivement être observées chez l'homme et chez la femme.

ZONES DIRECTRICES CHEZ L'HOMME ET CHEZ LA FEMME

En dehors de cela, je peux seulement ajouter ce qui suit : chez l'enfant de sexe féminin la zone érogène directrice est située au clitoris; elle est donc homologue à la zone génitale masculine du gland. Tout ce que mon expérience a pu m'apprendre sur la masturbation des petites filles concernait le clitoris et non les parties de l'appareil génital externe qui sont importantes pour les fonctions sexuelles ultérieures. Je doute même que, sous l'influence de la séduction, l'enfant de sexe féminin puisse aboutir à autre chose qu'à la masturbation clitoridienne, sauf de façon tout à fait exceptionnelle. Les décharges spontanées [b] de l'excitation sexuelle, qui sont justement

masculinité biologique, mais n'y sont pas nécessairement associées, car il y a des espèces animales chez lesquelles ces propriétés sont plutôt réservées aux femelles. La troisième signification – sociologique – tient son contenu de l'observation des individus masculins et féminins dans leur existence effective. Il en résulte, pour l'être humain, qu'on ne trouve de pure masculinité ou féminité ni au sens psychologique, ni au sens biologique. Chaque individu présente bien plutôt un mélange de ses propres caractères sexuels biologiques et de traits biologiques de l'autre sexe et un amalgame d'activité et de passivité, que ces traits de caractère psychiques dépendent des caractères biologiques ou qu'ils en soient indépendants. [On trouvera d'autres considérations sur ce thème dans la note de la fin du chap. IV de *Malaise dans la civilisation* (1930 *a*).]

a. Dans la seule édition de 1905, on pouvait lire à cet endroit : « grâce à W. Fliess ».

b. « *Spontanentladungen.* »

si fréquentes chez la petite fille, se manifestent par des 122
spasmes du clitoris, et les fréquentes érections de ce dernier permettent à la fille de juger correctement des manifestations sexuelles de l'autre sexe, même sans instruction préalable, en transférant simplement sur les garçons les sensations de leurs propres processus sexuels.

Si l'on veut comprendre comment la petite fille devient femme, il convient de suivre les destins ultérieurs de cette excitabilité clitoridienne. La puberté, qui entraîne chez le garçon la grande offensive de la libido, se caractérise chez la fille par une nouvelle vague de refoulement qui affecte précisément la sexualité clitoridienne. C'est une part de vie sexuelle masculine qui succombe à cette occasion au refoulement. Le renforcement qui se crée lors de ce refoulement de la puberté chez la femme fournit alors un stimulus à la libido de l'homme et la contraint à accroître ses performances : parallèlement à l'élévation de la libido, on assiste également à l'augmentation de la surestimation sexuelle qui n'atteint sa pleine mesure que face à la femme qui se refuse et renie sa sexualité. Le clitoris, quand il est lui-même excité lors de l'acte sexuel finalement consenti, conserve le rôle qui consiste à transmettre cette excitation aux parties féminines voisines, un peu à la façon dont les copeaux de résineux peuvent servir à enflammer le bois plus dur. Il faut souvent un certain temps jusqu'à ce que ce transfert soit accompli, un temps pendant lequel la jeune femme est anesthésique. Cette anesthésie peut devenir durable lorsque la zone clitoridienne se refuse à céder son excitabilité, ce qui est précisément préparé par une activité intense durant l'enfance. On sait que l'anesthésie des femmes n'est souvent qu'apparente et locale. Elles sont anesthésiques au niveau de l'orifice vaginal, mais nullement inexcitables à partir du clitoris ou même d'autres zones. A ces causes érogènes d'anesthésie s'associent encore les causes psychiques, également déterminées par le refoulement.

123 Lorsque la stimulabilité érogène a été transférée avec succès du clitoris à l'orifice vaginal, la femme a changé sa zone directrice contre celle qui régit son activité sexuelle ultérieure, alors que l'homme a conservé la sienne depuis l'enfance. Dans cet échange de zones érogènes directrices, de même que dans la vague de refoulement de la puberté qui, pour ainsi dire, met à l'écart la virilité infantile, résident les conditions principales de la disposition de la femme aux névroses, en particulier à l'hystérie. Ces conditions sont donc liées intimement à l'essence de la féminité.

[5] LA DÉCOUVERTE DE L'OBJET [a]

Tandis que les processus pubertaires établissent le primat des zones génitales et qu'en passant au premier plan le membre devenu érectile indique impérieusement, chez l'homme, le nouveau but sexuel : la pénétration dans une cavité du corps qui excite la zone génitale, s'accomplit du côté psychique la découverte de l'objet, en faveur de laquelle un travail préparatoire s'est effectué depuis la prime enfance. Quand la toute première satisfaction sexuelle était encore liée à l'ingestion d'aliments, la pulsion sexuelle avait, dans le sein maternel, un objet sexuel à l'extérieur du corps propre. Elle ne le perdit que plus tard, peut-être précisément à l'époque où il

a. « *Die Objektfindung.* »

devint possible à l'enfant de former la représentation globale de la personne à laquelle appartenait l'organe qui lui procurait la satisfaction. En règle générale, la pulsion sexuelle devient alors autoérotique, et ce n'est qu'une fois le temps de latence dépassé que le rapport originel se rétablit. Ce n'est pas sans de bonnes raisons que la figure de l'enfant qui tète le sein de sa mère est devenue le modèle de tout rapport amoureux. La découverte de l'objet est à vrai dire une redécouverte [1].

OBJET SEXUEL DE LA PÉRIODE D'ALLAITEMENT

Cependant, de ce rapport sexuel qui est 124
le premier et le plus important de tous, un élément important subsiste, même après la séparation de l'activité sexuelle d'avec l'ingestion d'aliments, qui contribue à préparer le choix d'objet, autrement dit à rétablir le bonheur perdu. Durant toute la période de latence, l'enfant apprend à *aimer* d'autres personnes – entièrement sur le modèle de ses relations de nourrisson avec sa nourrice et en continuation de celles-ci – qui remédient à son état d'impuissance [a] et satisfont ses besoins. On répugnera peut-être à identifier les sentiments tendres et l'estime de l'enfant pour les personnes qui le soignent avec l'amour sexuel, mais je pense qu'une analyse psychologique plus minutieuse pourra établir cette identité par-delà tout doute possible.

1. [*Ajouté en 1915 :*] La psychanalyse nous enseigne qu'il existe deux voies pour la découverte de l'objet, premièrement celle dont nous parlons ici, celle de l'*étayage* sur les modèles infantiles précoces et, deuxièmement, la voie *narcissique*, qui recherche le moi propre et le retrouve dans l'autre. Cette dernière a une importance toute particulière dans l'évolution pathologique des cas, mais elle n'a pas sa place dans le présent contexte. [Voir sur ce point « Pour introduire le narcissisme » (Freud, 1914 *c*).]

a. « *Hilflosigkeit.* »

Le commerce de l'enfant avec la personne qui le soigne est pour lui une source continuelle d'excitation sexuelle et de satisfaction partant des zones érogènes, d'autant plus que cette dernière – qui, en définitive, est en règle générale la mère – fait don à l'enfant de sentiments issus de sa propre vie sexuelle, le caresse, l'embrasse et le berce, et le prend tout à fait clairement comme substitut d'un objet sexuel à part entière [1]. La mère serait probablement effrayée si on lui expliquait qu'avec toutes ses marques de tendresse elle éveille la pulsion sexuelle de son enfant et prépare son intensité future. Elle considère ses actes comme « pur » amour asexuel, puisqu'elle évite soigneusement d'apporter aux parties génitales de l'enfant plus d'excitations qu'il n'est indispensable pour les soins corporels. Mais, comme nous le savons, la pulsion sexuelle n'est pas seulement éveillée par excitation de la zone génitale, et ce que nous appelons tendresse ne manquera pas non plus de faire sentir un jour son
125 action sur la zone génitale. Au demeurant, si la mère comprenait mieux la haute importance des pulsions dans l'ensemble de la vie psychique, dans toutes les réalisations éthiques et psychiques, elle s'épargnerait, même après [qu'on lui ait fourni] les éclaircissements [dont nous parlions], tous les reproches qu'elle est susceptible de se faire. Elle ne fait que remplir son devoir lorsqu'elle apprend à l'enfant à aimer; celui-ci doit en effet devenir un être humain capable, doté d'un besoin sexuel énergique, et réaliser dans son existence tout ce à quoi la pulsion pousse l'individu. Un excès de tendresse parentale sera assurément nuisible en hâtant la maturation sexuelle,

1. Que celui qui trouvera cette conception « sacrilège » lise l'interprétation presque similaire que fait Havelock Ellis de la relation entre la mère et l'enfant (*Psychologie sexuelle* (1903), p. 16).

et aussi parce qu'il « gâtera » l'enfant, le rendra incapable dans sa vie future de se passer provisoirement d'amour ou de se contenter d'une moins grande quantité d'amour. Le fait que l'enfant se montre insatiable dans sa demande de tendresse parentale est un des meilleurs présages de nervosité ultérieure; et, d'autre part, les parents névropathes, qui sont la plupart du temps enclins à une tendresse démesurée, sont précisément ceux qui, par leurs câlineries, éveilleront le plus facilement la disposition de l'enfant aux affections névrotiques. On voit d'ailleurs par cet exemple que les parents névrosés disposent de voies plus directes que celles de l'hérédité pour transférer leurs troubles à l'enfant.

ANGOISSE INFANTILE Les enfants eux-mêmes se comportent très tôt comme si leur attachement à la personne qui les soigne était de la nature de l'amour sexuel. L'angoisse des enfants n'est rien d'autre à l'origine que l'expression du fait que la personne aimée leur manque; de ce fait, ils abordent chaque étranger avec angoisse; ils ont peur dans l'obscurité, parce qu'on n'y voit pas la personne aimée, et s'apaisent s'ils peuvent lui tenir la main dans le noir. On surestime les effets de toutes les terreurs enfantines et de tous les contes de nourrice effrayants, lorsqu'on leur attribue la responsabilité de l'anxiété des enfants. Les enfants qui ont un penchant à l'anxiété sont les seuls à retenir de telles histoires qui ne feraient
absolument aucune impression à d'autres; et seuls les 126
enfants dont la pulsion sexuelle est excessive ou prématurément développée, ou encore rendue exigeante par les cajoleries, ont un penchant à l'anxiété. L'enfant se comporte à cet égard comme l'adulte en transformant sa libido en angoisse dès lors qu'il est incapable de la mener

à la satisfaction; et, en revanche, l'adulte devenu névrosé en raison d'une libido insatisfaite, se conduira dans son angoisse comme un enfant, se mettra à éprouver de la crainte dès qu'il sera seul, c'est-à-dire en l'absence d'une personne sur l'amour de laquelle il croit pouvoir compter, et cherchera à apaiser son angoisse au moyen des mesures les plus puériles [1].

BARRIÈRE CONTRE L'INCESTE [a] Lorsque la tendresse des parents pour l'enfant a réussi à éviter d'éveiller sa pulsion sexuelle prématurément – c'est-à-dire avant que les conditions corporelles de la puberté ne soient en place – à un degré d'intensité tel que l'excitation psychique se rue d'une façon impossible à méconnaître jusqu'au système génital, elle peut accomplir sa tâche qui est de guider cet enfant, arrivé à l'âge de la maturité, dans le choix de l'objet sexuel. Il serait assurément plus commode

1. Je dois l'explication de l'origine de l'angoisse enfantine à un garçon de trois ans que j'entendis un jour supplier du fond d'une chambre obscure : « Tante, parle-moi; j'ai peur, parce qu'il fait si noir. » La tante répliqua : « À quoi cela te servira-t-il, puisque tu ne peux pas me voir? » « Ça ne fait rien, répondit l'enfant, du moment que quelqu'un parle, il fait clair. » – Il n'avait donc pas peur de l'obscurité, mais parce qu'il lui manquait une personne aimée, et il pouvait promettre de se calmer dès qu'il aurait reçu la preuve de sa présence. [*Ajouté en 1920* :] Le fait que l'angoisse névrotique naît de la libido, qu'elle est le produit de la transformation de cette dernière et que, par conséquent, elle est à la libido à peu près ce que le vinaigre est au vin, est un des résultats les plus importants de la recherche psychanalytique. On trouvera une nouvelle discussion de ce problème dans mes *Conférences d'introduction à la psychanalyse,* XXV (1916-1917), où, à vrai dire, je ne suis pas parvenu non plus à une explication définitive. [En ce qui concerne les thèses plus tardives de Freud sur la question de l'angoisse, voir *Inhibition, symptôme et angoisse* (1926 *d*) et *Nouvelles conférences d'introduction à la psychanalyse* (1933 *a*) XXXII.]

a. Cet intitulé n'apparaît plus, sans doute par omission, à partir de 1924.

pour l'enfant de choisir comme objets sexuels les personnes mêmes qu'il aime depuis son enfance d'une libido pour ainsi dire atténuée [1]. Mais l'ajournement de la maturation sexuelle aura permis de gagner le temps nécessaire pour ériger, à côté des autres inhibitions sexuelles, la barrière contre l'inceste et se pénétrer des préceptes moraux qui excluent expressément du choix d'objet, en tant que parents du même sang, les personnes aimées de l'enfance. Le respect de cette barrière est avant 127
tout une exigence culturelle de la société, qui doit se défendre contre l'absorption par la famille d'intérêts dont elle a besoin pour établir des unités sociales plus élevées et qui, de ce fait, tente par tous les moyens de relâcher chez chaque individu, et spécialement chez l'adolescent, le lien qui l'unit à sa famille et qui, pendant l'enfance, est le seul qui soit déterminant [2].

Mais le choix d'objet s'accomplit tout d'abord dans la représentation, et la vie sexuelle de l'adolescence n'a guère d'autre latitude que de se répandre en fantasmes, c'est-à-dire en représentations qui ne sont pas destinées à se réaliser [3]. Dans ces fantasmes réapparaissent, chez

1. [*Ajouté en 1915* :] Voir sur ce point ce qui est dit, p. 131, sur le choix d'objet de l'enfant : le « courant tendre ».

2. [*Ajouté en 1915* :] La barrière contre l'inceste fait vraisemblablement partie des acquisitions historiques de l'humanité et il se pourrait que, comme d'autres tabous moraux, elle soit déjà fixée chez de nombreux individus par hérédité organique (cf. mon ouvrage *Totem et Tabou*, 1912-1913). L'investigation psychanalytique montre cependant avec quelle intensité l'individu combat encore la tentation de l'inceste pendant les périodes de son développement et avec quelle fréquence il la transgresse dans des fantasmes et même dans la réalité. [Le rapport entre l'« horreur et l'inceste » et les impératifs sociaux est déjà évoqué par Freud en mai 1897 (« Manuscrit N. », *in* la *Naissance de la Psychanalyse* (1950 *a*)).]

3. [*Ajouté en 1920* :] Les fantasmes de la période pubertaire se greffent sur les recherches sexuelles infantiles abandonnées au cours de

128 tous les êtres humains, les penchants infantiles, désormais renforcés par la pression de l'énergie somatique, et parmi ceux-ci, en premier lieu et avec une fréquence conforme à des lois, la motion sexuelle de l'enfant vers les parents,

l'enfance et peuvent même apparaître avant la fin de la période de latence. Ils peuvent, intégralement ou en majeure partie, être tenus inconscients et se dérobent de ce fait à une datation précise. Ils ont une grande importance dans la genèse de nombreux symptômes, dans la mesure où ils constituent directement les étapes préliminaires de ces derniers, autrement dit où ils mettent en place les formes sous lesquelles les composantes refoulées de la libido trouvent leur satisfaction. De la même manière, ils sont les prototypes des fantasmes nocturnes qui deviennent conscients sous forme de rêves. Les rêves ne sont souvent rien d'autre que des reviviscences de fantasmes de ce genre, sous l'influence d'un stimulus diurne laissé par la vie éveillée (« restes diurnes ») et par étayage sur celui-ci [cf. *L'interprétation des rêves* (1900 *a*), VI, 9, p. 419-420]. – Parmi les fantasmes sexuels de la puberté, quelques-uns sortent du lot, qui se distinguent par le fait qu'ils sont universellement répandus et largement indépendants à l'égard du vécu de l'individu. Tels sont les fantasmes de la contemplation du rapport sexuel des parents, de la séduction précoce par des personnes aimées, de la menace de castration [cf. le passage sur les fantasmes originaires, *Conférences d'introduction à la psychanalyse* (1916-1917), XXIII, p. 347-350], les fantasmes relatifs au ventre maternel, dont le thème consiste en un séjour ou même des événements vécus à l'intérieur du ventre de la mère, ou enfin ce qu'on appelle le « roman familial », dans lequel l'adolescent réagit à la différence entre sa position actuelle vis-à-vis de ses parents et celle de son enfance. Dans son livre *Le mythe de la naissance du héros* (1909), O. Rank a montré, dans le cas de ce dernier exemple, les rapports étroits de ces fantasmes avec le mythe. [Cf. aussi Freud, « Le roman familial du névrosé » (1909 *c*) et la longue note de « L'Homme aux rats » (1909 *d*), p. 233-234).]

On dit à juste titre que le complexe d'Œdipe est le complexe nucléaire des névroses et constitue l'élément essentiel de leur contenu. En lui culmine la sexualité infantile, laquelle influence de façon décisive la sexualité de l'adulte par ses effets ultérieurs [*Nachwirkungen*]. Chaque nouvel arrivant dans le monde humain est mis en devoir de venir à bout du complexe d'Œdipe; celui qui n'y parvient pas est voué à la névrose. Le progrès du travail psychanalytique a souligné de façon toujours plus nette cette signification du complexe d'Œdipe; la reconnaissance de son existence est devenue le schibboleth qui distingue les partisans de la psychanalyse de leurs adversaires.

du fils vers la mère et de la fille vers le père, qui, la plupart du temps, est déjà différenciée du fait de l'attraction des sexes [1]. En même temps que ces fantasmes manifestement incestueux sont surmontés et rejetés, s'accomplit une des réalisations psychiques les plus importantes, mais aussi les plus douloureuses de la période pubertaire : l'affranchissement de l'autorité parentale, grâce auquel seulement est créée l'opposition entre la nouvelle et l'ancienne génération, si importante pour le progrès culturel. À chaque station du parcours évolutif que les individus doivent accomplir, un certain nombre d'entre eux sont retenus, et c'est ainsi qu'il y a des personnes qui n'ont jamais surmonté l'autorité des parents et qui ne leur ont pas retiré la tendresse qu'ils leur vouaient, sinon de manière très imparfaite. Il s'agit pour la plupart de filles, qui, à la joie de leurs parents, persistent bien au-delà de la puberté dans un amour filial absolu ; et c'est là qu'il devient très instructif de constater, une fois que ces filles sont mariées, qu'il leur manque la capacité de donner à leurs maris ce qui leur est dû. Elles deviennent des épouses froides et restent sexuellement anesthésiques. On apprend par là que l'amour apparemment non sexuel pour les parents et l'amour sexuel s'alimentent aux mêmes sources, ce qui revient à dire que le premier ne correspond qu'à une fixation infantile de la libido.

[*Ajouté en 1924* :] Dans un autre écrit (*Le traumatisme de la naissance*, 1924), O. Rank a rapporté le lien à la mère à la préhistoire embryonnaire et a indiqué ainsi le fondement biologique du complexe d'Œdipe. S'écartant de ce que nous disons ci-dessus, il fait dériver la barrière contre l'inceste de l'impression traumatique de l'angoisse de la naissance. [Cf. *Inhibition, symptôme et angoisse* (1926 *d*), X, p. 77-80.]

1. Cf. mes développements sur le caractère inéluctable du destin dans la fable d'Œdipe (*L'interprétation des rêves*, 1900 *a*, V, p. 227-230).

Plus on se rapproche des troubles profonds du déve-
129 loppement psychosexuel, plus la signification du choix d'objet incestueux apparaît de façon impossible à méconnaître. Chez les psychonévrosés, par suite du refus de la sexualité, une grande partie ou la totalité de l'activité psychosexuelle déployée pour la découverte de l'objet reste dans l'inconscient. Chez les filles qui ont un besoin excessif de tendresse et une horreur tout aussi grande des exigences réelles de la vie sexuelle, cela aboutit à la tentation irrésistible, d'une part, de réaliser dans leur existence l'idéal de l'amour asexuel et, d'autre part, de dissimuler leur libido derrière une tendresse qu'elles puissent exprimer sans se faire de reproches, en même temps qu'elles conservent, leur vie durant, leur penchant infantile, ravivé à la puberté, pour leurs parents ou leurs frères et sœurs. La psychanalyse peut démontrer sans difficulté à ces personnes qu'elles sont *amoureuses,* au sens le plus courant du terme, de leurs proches parents, car elle détecte, à l'aide des symptômes et autres manifestations morbides, leurs pensées inconscientes et les traduit en pensées conscientes. De même, lorsqu'un individu préalablement bien portant tombe malade à la suite d'une expérience malheureuse en amour, on peut mettre en évidence, à coup sûr, en tant qu'il constitue le mécanisme déclenchant de la maladie, le retournement de sa libido vers les personnes qu'il préférait pendant son enfance.

EFFET ULTÉRIEUR DU CHOIX D'OBJET INFANTILE

Même celui qui a réussi à éviter la fixation incestueuse de sa libido n'échappe pas totalement à son influence. C'est manifestement en écho de cette phase du développement

que la première passion amoureuse [a] d'un jeune homme s'adresse, comme on le voit si fréquemment, à une femme d'âge mûr, et celle d'une jeune fille à un homme d'un certain âge investi d'autorité, qui sont à même de faire vivre pour eux l'image de la mère et du père [1]. D'une manière générale, il est vraisemblable que le choix d'objet se fait en s'étayant assez librement sur ces deux modèles. Avant tout, l'homme est en quête de l'image mnésique [b] de sa mère, image qui le domine depuis les débuts de son enfance; ceci s'accorde parfaitement avec le fait que la mère encore vivante s'insurge contre cette version
renouvelée d'elle-même et l'aborde avec hostilité. Si les 130
relations de l'enfant avec ses parents ont une telle importance pour le choix futur de l'objet sexuel, on comprend facilement que toute perturbation de ces relations de l'enfance ait les conséquences les plus graves sur la vie sexuelle après la maturité; même la jalousie des amants ne manque jamais d'avoir une racine infantile, ou du moins d'être renforcée par les expériences infantiles. Les querelles entre les parents eux-mêmes, leur mariage malheureux déterminent chez leurs enfants la prédisposition la plus grave à des troubles du développement sexuel ou à des affections névrotiques.

L'inclination infantile pour les parents est sans doute la plus importante – non toutefois la seule – des traces qui, après avoir été ravivées à la puberté, montrent la voie au choix d'objet. D'autres éléments de même origine permettent à l'homme, toujours par étayage sur son enfance, de développer plus d'une *série sexuelle,* de forger

1. [*Ajouté en 1920 :*] Cf. mon article « Un type particulier de choix d'objet chez l'homme » (1910*b*), p. 47 et s.

a. *« Verliebtheit. »*

b. *« Erinnerungsbild. »*

pour son choix d'objet des déterminants tout à fait différents [1].

PRÉVENTION DE L'INVERSION

Un des problèmes qui surgissent à l'occasion du choix d'objet consiste à ne pas manquer le sexe opposé. Comme nous le savons, il ne se résout pas sans quelques tâtonnements. Les premières motions qui suivent la puberté s'égarent bien souvent – sans dommages durables. Dessoir [1894] a attiré à juste titre notre attention sur le fait que les jeunes gens et les jeunes filles éprouvent régulièrement des amitiés passionnées pour leurs pareils. La plus grande force qui préserve d'une inversion durable de l'objet sexuel est assurément l'attraction que les caractères sexuels opposés exercent l'un sur l'autre; nous ne pouvons rien ajouter, dans le cadre de ces discussions, pour expliquer ce phé-
131 nomène [2]. Mais ce facteur ne suffit pas à lui seul à exclure l'inversion; il est sans doute soutenu par toutes sortes de facteurs additionnels. En premier lieu, l'inhibition autoritaire qui vient de la société; là où l'inversion n'est pas considérée comme un crime, on peut constater qu'elle répond pleinement aux penchants sexuels d'un nombre non négligeable d'individus. On peut admettre ensuite, pour l'homme, que les souvenirs d'enfance relatifs à la tendresse de la mère et d'autres personnes de sexe féminin

1. [*Ajouté en 1915 :*] D'innombrables particularités de la vie amoureuse humaine, de même que le caractère compulsif de l'état amoureux lui-même [cf. « Un type particulier... » (1910 *b*), p. 50], ne peuvent d'ailleurs être compris que si on les relie à l'enfance et si on les considère comme des effets résiduels de cette dernière.

2. [*Ajouté en 1924 :*] Il y a lieu ici de renvoyer à un écrit certes aventureux, mais néanmoins d'une extrême finesse de Ferenczi (*Thalassa,* 1924), dans lequel celui-ci fait dériver la vie sexuelle des animaux supérieurs de l'histoire de leur évolution biologique.

auxquelles il fut confié enfant, contribuent énergiquement à orienter son choix vers la femme [a], tandis que l'intimidation sexuelle précoce subie de la part du père et le fait d'être en concurrence avec lui le détournent de son propre sexe. Mais ces deux facteurs valent aussi pour la fille, dont l'activité sexuelle est sous la surveillance particulière de la mère. Il en résulte un rapport hostile avec les personnes du même sexe, qui influence de manière décisive le choix d'objets dans le sens considéré comme normal. L'éducation des garçons par des personnes de sexe masculin (esclaves dans le monde antique) semble favoriser l'homosexualité; l'emploi de domestiques de sexe masculin, ainsi que la moindre participation personnelle des mères aux soins de leurs enfants, permettent de comprendre un peu mieux la fréquence de l'inversion dans la noblesse actuelle. Chez bien des hystériques, on constate que la disparition prématurée d'un des membres du couple parental (en raison d'un décès, d'un divorce, d'une séparation), à la suite de laquelle le parent restant a capté tout l'amour de l'enfant, a déterminé le sexe de la personne choisie plus tard comme objet sexuel et a ainsi rendu possible une inversion durable.

a. Le reste de cette phrase et les deux phrases suivantes datent de 1915. Dans les deux premières éditions, le texte continuait ainsi : « Tandis que la fille, qui entre quoi qu'il arrive dans une période de refoulement à la puberté, est préservée de l'amour du même sexe par les motions de rivalité. »

RÉCAPITULATION

Le moment est venu de tenter une récapitulation. Nous 132
sommes partis des aberrations de la pulsion sexuelle par rapport à son objet et à son but et nous nous sommes trouvés devant la question de savoir si elles provenaient d'une prédisposition innée ou si elles étaient acquises par suite des influences de l'existence. La réponse à cette question nous vint de la connaissance – grâce à l'investigation psychanalytique – du fonctionnement de la pulsion sexuelle chez les psychonévrosés, lesquels constituent un groupe humain nombreux et proche des bien-portants. Nous avons découvert ainsi que, chez ces personnes, les penchants à toutes les perversions pouvaient être retrouvés en tant que forces inconscientes et se trahissaient par leur intervention dans la formation de symptômes, ce qui nous permit de dire que la névrose était en quelque sorte le négatif de la perversion. Devant le fait, dès lors reconnu, que les penchants pervers étaient largement répandus, l'idée s'imposa à nous que la prédisposition aux perversions était la prédisposition originelle et universelle de la pulsion sexuelle humaine, à partir de laquelle le comportement sexuel normal se développait au cours de la maturation sous l'effet de modifications

organiques et d'inhibitions psychiques. Nous espérions dégager la prédisposition originelle dans l'enfance; parmi les forces qui délimitent l'orientation de la pulsion sexuelle, nous avons mis en évidence la pudeur, le dégoût, la compassion et les constructions sociales de la morale et de l'autorité. C'est ainsi que nous avons été amenés à voir dans chaque déviation fixée de la vie sexuelle normale une part d'inhibition du développement et d'in-
133 fantilisme. Il nous fallut mettre l'accent sur l'importance des variations de la prédisposition originelle, en admettant toutefois qu'il y avait entre elles et les influences de la vie un rapport de coopération et non d'opposition. D'autre part, étant entendu que la prédisposition originelle était forcément complexe, la pulsion sexuelle nous apparut elle-même comme un assemblage de nombreux facteurs, qui, dans les perversions, se désintègre pour ainsi dire en ses composantes. Les perversions se présentaient ainsi d'une part comme des inhibitions, d'autre part comme des dissociations du développement normal. Les deux conceptions se rejoignaient dans l'hypothèse selon laquelle la pulsion sexuelle de l'adulte naîtrait du rassemblement de multiples motions de la vie enfantine en une unité, en une tendance dirigée vers un seul but.

À cela nous avons joint l'explication de la prépondérance des penchants pervers chez les psychonévrosés, en l'assimilant au remplissage collatéral de canaux secondaires après obstruction du lit principal par le « refoulement », pour nous consacrer ensuite à l'observation de la vie sexuelle dans l'enfance [1]. Nous avons trouvé regret-

1. [*Ajouté en 1915 :*] Ceci s'applique non seulement aux penchants pervers apparaissant en « négatif » dans la névrose, mais aussi aux perversions positives, ou perversions proprement dites. Ces dernières ne doivent donc pas simplement être ramenées à la fixation des pen-

table que l'on eût contesté l'existence de la pulsion sexuelle dans l'enfance et que l'on eût décrit les manifestations sexuelles fréquemment observables chez l'enfant comme des exceptions à la règle. Il nous semblait au contraire que l'enfant portait en venant au monde des germes d'activité sexuelle et qu'en même temps qu'il se nourrissait, il éprouvait déjà une satisfaction sexuelle qu'il cherchait ensuite à renouveler sans cesse dans l'acte bien connu du « suçotement ». Toutefois [a], l'activité sexuelle de l'enfant ne se développe pas au même rythme que les autres fonctions, mais entre, après une brève période de floraison qui s'étend de la deuxième à la cinquième année [b], dans ce qu'on appelle la période de latence. Au cours de cette dernière, la production d'ex- 134
citation sexuelle n'est pas du tout suspendue, mais se poursuit et fournit une provision d'énergie qui, en grande partie, est employée à des fins autres que sexuelles, à savoir, d'une part, la contribution des composantes sexuelles à la formation des sentiments sociaux et, d'autre part (au moyen du refoulement et des formations réactionnelles), l'édification des futures barrières sexuelles. C'est ainsi que les forces destinées à maintenir la pulsion sexuelle dans certaines voies se constituent pendant l'en-

chants infantiles, mais encore à la régression à ces mêmes penchants en raison de l'obstruction d'autres canaux du courant sexuel. C'est aussi pourquoi les perversions positives sont accessibles à la thérapie psychanalytique.

a. Dans le passage qui suit (jusqu'à la fin de la première phrase du paragraphe suivant), Freud utilise le *« Konjunctiv »*, qui est à la fois l'équivalent de notre subjonctif et le mode du discours indirect en allemand. Pour ne pas alourdir le texte, nous avons choisi de le rendre par le présent de l'indicatif.

b. Cette datation apparaît pour la première fois dans l'édition de 1915, où Freud écrivait toutefois : « De la troisième à la cinquième année. » La version définitive est de 1920.

fance aux dépens des motions sexuelles, pour la plupart perverses, et avec l'aide de l'éducation. Une autre partie des motions sexuelles infantiles échappe à ces utilisations et parvient à s'exprimer en tant qu'activité sexuelle. On peut alors constater que l'excitation sexuelle de l'enfant provient de multiples sources. Avant tout, la satisfaction naît de l'excitation sensible appropriée de ce qu'on appelle les zones érogènes, n'importe quel endroit de la peau, n'importe quel organe des sens, voire n'importe quel organe [a] pouvant vraisemblablement tenir ce rôle, cependant qu'il existe certaines zones érogènes privilégiées dont l'excitation est assurée dès l'origine par certains dispositifs organiques. En outre, l'excitation sexuelle apparaît en quelque sorte en tant que produit additionnel dans un grand nombre de processus dans l'organisme, pour peu que ceux-ci atteignent une certaine intensité, et tout particulièrement dans toutes les émotions relativement fortes, fussent-elles de nature pénible. Les excitations provenant de toutes ces sources ne s'assemblent pas encore, mais poursuivent chacune isolément leur but, qui n'est autre que le gain d'un certain plaisir. Il en résulte que, pendant l'enfance, la pulsion sexuelle n'est *pas centrée* et qu'elle est d'abord [b] sans objet, *autoérotique*.

La zone érogène des parties génitales commence déjà à se manifester durant les années d'enfance, soit que, comme toute autre zone érogène, elle procure la satisfaction en réponse à une stimulation sensible appropriée, ou que, d'une manière qui n'est pas entièrement compré-
135 hensible, une excitation sexuelle entretenant une relation particulière avec la zone génitale soit produite conjoin-

a. Les mots « voire n'importe quel organe », datent de 1915.
b. Les termes « pas centrée » et « d'abord », furent insérés en 1920.

tement à la satisfaction issue d'autres sources. Nous avons dû regretter qu'il fût impossible de trouver une explication satisfaisante du rapport entre satisfaction sexuelle et excitation sexuelle, ni de la relation entre l'activité de la zone génitale et celle des autres sources de la sexualité.

Grâce à l'étude [a] des troubles névrotiques, nous avons remarqué que l'on pouvait reconnaître, dès le tout début de la vie sexuelle enfantine, les prémices d'une organisation des composantes pulsionnelles sexuelles. Dans une première phase, très précoce, l'érotisme *oral* est au premier plan; une deuxième de ces organisations *« prégénitales »* est caractérisée par la prédominance du *sadisme* et de l'érotisme *anal*; c'est seulement dans une troisième phase (qui ne se développe chez l'enfant que jusqu'au primat du phallus [b]) que les zones génitales proprement dites prennent part à la détermination de la vie sexuelle.

Nous avons dû constater alors, ce qui fut l'une de nos plus surprenantes découvertes, que cette floraison précoce de la vie sexuelle infantile (de deux à cinq ans) entraînait elle aussi un choix d'objet, avec tout l'éventail de réalisations psychiques que cela comporte, de sorte que la phase qui s'y rattache et qui correspond à cette période devait, en dépit de la synthèse imparfaite des composantes pulsionnelles et de l'incertitude du but sexuel, être considérée comme un important précurseur de l'organisation sexuelle définitive.

Le fait de *l'instauration en deux temps* [c] du dévelop-

a. Ce paragraphe ainsi que les deux suivants ont été ajoutés en 1920.

b. La proposition entre parenthèses a été ajoutée en 1924.

c. *« Zweizeitiger Ansatz »* : L'expression paraît à plusieurs reprises dans l'œuvre de Freud, notamment dans *Le moi et le ça* (1923 *b*) III, p. 248, dans un court passage qui reprend presque mot pour mot les idées exposées ci-dessus.

pement sexuel chez l'homme, autrement dit l'interruption de ce développement par la période de latence, nous parut digne d'une attention particulière. Il semble qu'il renferme une des conditions de l'aptitude de l'être humain à développer une culture supérieure, mais aussi de sa tendance à la névrose. À notre connaissance, rien d'analogue ne peut être démontré chez les animaux apparentés à l'homme. Pour retrouver l'origine de cette particularité humaine, il faudrait remonter à la préhistoire du genre humain.

136 Nous n'avons pas été en mesure de dire quelle somme d'activités sexuelles pouvait encore, pendant l'enfance, être considérée comme normale et inoffensive pour le développement ultérieur. Il apparut que le caractère des manifestations sexuelles était essentiellement masturbatoire. Nous avons établi en outre, en nous appuyant sur l'expérience, que les influences externes de la séduction pouvaient provoquer des interruptions prématurées de la période de latence, voire sa suppression, et qu'à cette occasion la pulsion sexuelle de l'enfant se révélait en fait perverse polymorphe; enfin, que chaque activité sexuelle précoce de ce genre entravait l'aptitude de l'enfant à recevoir l'éducation.

En dépit des lacunes de nos connaissances sur la vie sexuelle infantile, nous avons dû essayer alors d'en étudier les modifications induites par l'arrivée de la puberté. Notre choix se porta sur deux d'entre elles qui nous semblaient déterminantes : la subordination de toutes les autres origines de l'excitation sexuelle au primat des zones génitales et le processus de la découverte de l'objet. Ces deux modifications sont déjà préfigurées dans l'enfance. La première s'accomplit par le mécanisme de l'exploitation du plaisir préliminaire, grâce à quoi les

actes sexuels auparavant autonomes, reliés au plaisir et à l'excitation, deviennent des actes préparatoires au nouveau but sexuel : l'évacuation des produits sexuels, dont la réalisation, coïncidant avec un plaisir extrême, met fin à l'excitation sexuelle. Nous avons dû à cette occasion prendre en considération la différenciation de l'être sexuel en homme ou en femme et nous avons découvert que, pour devenir femme, un nouveau refoulement était nécessaire, qui abolît une part de la virilité infantile et préparât la femme à l'échange de sa zone génitale directrice. En ce qui concerne, enfin, le choix d'objet, nous avons constaté qu'il était guidé par les ébauches infantiles – ravivées à la puberté – d'inclination sexuelle de l'enfant pour ses parents et les personnes qui le soignent et qu'il était détourné de ces personnes par la barrière érigée entre-temps contre l'inceste pour être dirigé vers d'autres individus qui leur ressemblent. Ajoutons, pour finir, qu'au cours de la période transitoire de la puberté, les 137
processus de développement somatiques et psychiques évoluent pendant un temps côte à côte sans lien entre eux, jusqu'à ce que l'irruption d'une motion amoureuse psychique intense, causant l'innervation des parties génitales, établisse l'unité normalement requise de la fonction amoureuse.

FACTEURS PERTURBANT LE DÉVELOPPEMENT

Chaque pas sur ce long chemin du développement peut devenir point de fixation, chaque articulation de cet assemblage complexe peut devenir l'occasion de la dissociation de la pulsion sexuelle, ainsi que nous l'avons montré à partir de différents exemples. Il nous reste encore à donner un aperçu des divers facteurs internes et externes susceptibles de perturber le développement et à préciser à quel endroit du mécanisme s'attaque la perturbation qu'ils entraînent. Les éléments que nous allons passer en revue n'auront assurément pas une égale importance, et nous devons nous attendre à ce qu'il soit difficile d'attribuer aux différents facteurs la valeur qui leur revient.

CONSTITUTION ET HÉRÉDITÉ

En premier lieu, il convient de citer ici la *diversité* innée *de la constitution sexuelle,* à qui échoit probablement le principal rôle, mais qui, comme on peut le comprendre, peut seulement être déduite de ses manifestations ultérieures, et encore sans que l'on puisse toujours arriver à une grande certitude. Nous entendons par là la prédominance de telle ou telle des multiples sources de l'excitation sexuelle et nous croyons qu'une telle diversité des prédispositions doit en tout cas se faire sentir dans le résultat final, même si celui-ci arrive à se maintenir à l'intérieur des limites de la normale. Sans doute peut-on également imaginer des variations de la prédisposition originelle qui, nécessairement et sans le concours d'autres facteurs, conduisent au développement d'une vie sexuelle anormale. On peut alors les appeler « dégénératives » et les considérer comme l'expression d'une détérioration héréditaire. J'ai, à ce propos, un fait intéressant à rapporter. Dans plus de la moitié de mes cas graves, traités par la psychothérapie, d'hystérie, de névrose obsessionnelle, etc., j'ai réussi à
138 établir de façon certaine que les pères [de mes patients] avaient été soignés pour une syphilis avant leur mariage, soit qu'ils aient souffert de tabès ou de paralysie générale, soit que leur affection syphilitique ait pu être décelée d'une manière ou d'une autre par l'anamnèse. Je signale expressément que les enfants qui devinrent plus tard névrosés ne portaient aucun signe physique de syphilis

héréditaire, de sorte que la constitution sexuelle anormale devrait justement être considérée comme le dernier rejeton de l'hérédité syphilitique. Bien que je ne songe nullement à présenter le fait de naître de parents syphilitiques comme une condition étiologique régulière ou indispensable de la constitution névropathique, j'estime néanmoins que la coïncidence que j'ai observée n'est ni accidentelle ni insignifiante.

Les conditions héréditaires qui interviennent chez les pervers positifs sont moins bien connues, car ceux-ci savent se soustraire à l'investigation. Pourtant, on a des raisons de supposer que ce qui est vrai pour les névroses l'est aussi pour les perversions. En effet, il n'est pas rare, dans une même famille, que la perversion et la psychonévrose soient réparties entre les deux sexes de telle manière que les membres masculins, ou du moins l'un d'eux, sont pervers positifs, et que les membres féminins, conformément au penchant de leur sexe au refoulement, sont pervers négatifs, hystériques, ce qui constitue une excellente confirmation des rapports essentiels que nous avons constatés entre les deux troubles [a].

ÉLABORATION ULTÉRIEURE

On ne peut cependant pas soutenir le point de vue selon lequel la forme de la vie sexuelle serait décidée de façon univoque avec l'émergence des diverses composantes de la constitution sexuelle. Bien au contraire, les facteurs conditionnels continuent à jouer leur rôle et d'autres possibilités se présentent en fonction du sort que subissent les affluents de la sexualité provenant des sources isolées. C'est manifestement cette

a. On trouvera un arbre généalogique de ce type dans la lettre 55 à Fliess, du 11.1.1897 (Freud, 1950 *a*).

élaboration ultérieure qui détermine la décision finale, cependant que des constitutions décrites comme identiques peuvent mener à trois issues différentes.

139 [1] Si toutes les prédispositions se maintiennent dans leur proportion relative – définie comme anormale – et sont renforcées à la maturité, le résultat final ne peut être qu'une vie sexuelle perverse. L'analyse de pareilles prédispositions constitutionnelles anormales n'a pas encore été convenablement entreprise; pourtant, nous connaissons déjà des cas qui trouvent aisément leur explication dans des hypothèses de ce genre. Les auteurs pensent, par exemple[a], de toute une série de perversions de fixation qu'elles ont pour condition nécessaire une faiblesse innée de la pulsion sexuelle. Sous cette forme, la thèse me paraît indéfendable, mais elle devient féconde dès lors qu'on désigne par là une faiblesse constitutionnelle d'un des facteurs de la pulsion sexuelle, la zone génitale, laquelle assume par la suite, en tant que fonction et dans un but de reproduction, le rassemblement des activités sexuelles isolées. Ce rassemblement qui doit avoir lieu à la puberté ne manquera pas, dans ce cas, d'avorter et la plus forte des autres composantes de la sexualité imposera son activité sous forme de perversion[1].

REFOULEMENT [2] On aboutit à une autre issue quand, au cours du développement, certaines des composantes douées d'une force excessive sont soumises au procès du

1. [*Ajouté en 1915 :*] On s'aperçoit fréquemment à cette occasion qu'un courant sexuel normal commence à s'installer à la puberté, mais que celui-ci s'effondre en raison de sa faiblesse interne devant les premiers obstacles externes, pour être remplacé par la régression à la fixation perverse.

a. Voir p. 46 et s.

refoulement, dont il faut retenir qu'il n'équivaut pas à une suppression. Dans ce cas, les excitations concernées continuent d'être produites comme auparavant, mais sont tenues éloignées de la réalisation de leur but par empêchement psychique et poussées vers de nombreuses autres voies, jusqu'à ce qu'elles viennent à s'exprimer sous forme de symptômes. Il se peut qu'il en résulte une vie sexuelle à peu près normale – le plus souvent limitée –, mais elle aura pour complément une maladie psychonévrotique. Ce sont justement ces cas que l'exploration psychanalytique des névrosés nous a permis de bien connaître. La vie sexuelle de ces personnes a débuté comme celle des pervers, toute une partie de leur enfance est remplie 140
d'une activité sexuelle perverse, qui peut à l'occasion se prolonger bien au-delà de la période de maturation; puis, en raison de causes internes – la plupart du temps avant la puberté, mais parfois même après –, il se produit un renversement dû au refoulement et, à partir de là, sans que les anciennes motions s'épuisent, la névrose vient se substituer à la perversion. Cela nous rappelle l'adage : « jeune catin, vieille dévote [a] », à ceci près, dans le cas présent, que la jeunesse a tourné court trop vite. Ce remplacement de la perversion par la névrose dans la vie d'une même personne doit, au même titre que la répartition, dont il a été question plus haut, de la perversion et de la névrose entre différentes personnes d'une même famille, être raccordée à l'idée que la névrose est le négatif de la perversion.

SUBLIMATION [3] La troisième issue en cas de prédisposition constitutionnelle anormale est rendue possible

a. *« Junge Hure, alte Betschwester. »*

par le processus de la *sublimation,* dans lequel les excitations excessives provenant de différentes sources de la sexualité trouvent une dérivation et un emploi dans d'autres domaines, de sorte qu'un accroissement non négligeable de l'efficience psychique résulte d'une prédisposition dangereuse en soi. On trouve là une des sources de l'activité artistique et, selon que cette sublimation sera complète ou incomplète, l'analyse du caractère de personnes hautement douées, en particulier sur le plan des talents artistiques, fera ressortir toute une variété de combinaisons entre efficience, perversion et névrose. La répression par *formation réactionnelle,* qui, ainsi que nous l'avons vu, commence déjà pendant la période de latence de l'enfance pour se poursuivre dans les cas favorables durant toute l'existence, est assurément une sous-espèce de la sublimation. Ce que nous appelons le « caractère » d'un être humain est en grande partie construit avec un matériel d'excitations sexuelles et s'assemble à partir de pulsions fixées depuis l'enfance, de constructions provenant de la sublimation et d'autres constructions destinées à maintenir efficacement dans les dessous les
141 motions perverses reconnues comme inutilisables [1]. C'est ainsi que la prédisposition sexuelle perverse générale de l'enfance peut être considérée comme la source d'un certain nombre de nos vertus, dans la mesure où, par formation réactionnelle, elle donne le branle à leur élaboration [2].

1. [*Ajouté en 1920 :*] Pour certains traits de caractère, il a même été possible d'établir un lien avec des composantes érogènes déterminées. Ainsi l'entêtement, l'économie, le goût de l'ordre découlent-ils de l'utilisation de l'érotisme anal. L'orgueil est déterminé par une forte disposition à l'érotisme urinaire. [Cf. « Caractère et érotisme anal », (1908 *b*), p. 148.]

2. É. Zola, en parfait connaisseur de l'âme humaine, décrit dans *La joie de vivre* une jeune fille qui, avec sérénité et abnégation, sacrifie à

VÉCU ACCIDENTEL En comparaison des libérations sexuelles [a], des vagues de refoulement [b] et des sublimations – les conditions internes de ces deux derniers processus nous étant totalement inconnues – toutes les autres influences sont d'une importance bien moindre. Celui qui met les refoulements et les sublimations au compte de la prédisposition constitutionnelle et les considère comme les manifestations existentielles de cette dernière, celui-là aura certes le droit d'affirmer que la configuration finale de la vie sexuelle est avant tout le résultat de la constitution innée. Toutefois, aucune personne capable de pénétration ne contestera que, dans un tel concours de facteurs, il reste encore de la place pour les influences modificatrices du vécu accidentel de l'enfance et de la vie ultérieure. Il n'est pas facile [c] de mesurer l'efficacité relative des facteurs constitutionnels et des facteurs accidentels. Dans la théorie, on tend toujours à surestimer les premiers; la pratique thérapeutique souligne l'importance des seconds. On ne devrait en aucun cas oublier qu'il existe entre les deux un rapport de coopération et non d'exclusion. Le facteur constitutionnel doit attendre des expériences vécues qui le mettent en valeur, l'accidentel a besoin d'un étayage sur la constitution pour entrer en action. On peut se représenter la plupart des

ceux qu'elle aime tout ce qu'elle possède et ce à quoi elle pourrait prétendre, toute sa fortune et ses espérances, sans attendre de récompense. L'enfance de cette jeune fille est dominée par un besoin insatiable de tendresse qui se transforme en cruauté à une occasion où elle est délaissée pour une autre.

a. « *Sexualentbindungen* », litt. « déliaisons sexuelles ». Il semble que Freud fasse ici allusion au facteur de la libération d'excitation sexuelle à partir des différentes sources.

b. « *Verdrängungsschüben.* »

c. La suite de ce paragraphe et la totalité du paragraphe suivant furent ajoutées en 1915.

cas sous la forme d'une « série complémentaire [a] », au
142 sein de laquelle les intensités décroissantes d'un facteur sont compensées par les intensités croissantes de l'autre, mais on n'a aucune raison de nier l'existence de cas extrêmes à chaque bout de la série.

La conformité avec les résultats de la recherche psychanalytique est encore plus grande si, parmi les facteurs accidentels, on réserve une place de choix aux événements vécus de la première enfance. La série étiologique se divise alors en deux, que l'on peut appeler série *dispositionnelle* [b] et série *définitive*. Dans la première, la constitution et les expériences vécues accidentelles de l'enfance coopèrent au même titre que la prédisposition et les expériences vécues traumatiques dans la seconde. Tous les facteurs qui nuisent au développement sexuel manifestent leur action en ceci qu'ils provoquent une *régression*, un retour à une phase antérieure du développement.

Poursuivons la tâche que nous nous sommes fixée : recenser les facteurs dont nous avons vu qu'ils exercent une grande influence sur le développement sexuel, qu'ils soient eux-mêmes des forces en acte ou qu'ils soient seulement les manifestations de pareilles forces.

PRÉMATURATION Un de ces facteurs est la *prématuration* sexuelle spontanée, dont la présence peut être démontrée avec certitude au moins dans l'étiologie des névroses,

a. En 1915, Freud emploie les termes de « série étiologique ». L'expression de « série complémentaire » qu'il introduit dans l'édition de 1920 apparaît pour la première fois dans les *Conférences d'introduction à la psychanalyse* (1916-1917), XXII, p. 327. On retrouve ici quelques lignes plus bas l'ancienne expression.

b. Cf. Préface, p. 29, note a.

même si, pas plus que les autres, elle ne suffit à elle seule à leur causation [a]. Elle se manifeste par une interruption, un raccourcissement ou une suppression de la période de latence infantile et devient la cause de troubles en déclenchant des manifestations sexuelles qui, en raison d'une part de l'inachèvement des inhibitions sexuelles et d'autre part de l'absence de développement du système génital, sont condamnées à avoir le caractère de perversions. Ces penchants aux perversions peuvent bien dès lors se maintenir comme tels ou devenir, après l'entrée en jeu des refoulements, des forces pulsionnelles de symptômes névrotiques, dans tous les cas, la prématuration sexuelle rend difficile la maîtrise ultérieurement souhaitable de la pulsion sexuelle par les instances psychiques supérieures et accroît le caractère compulsif qui, déjà sans cela, est le lot des représentants [b] psychiques. La pré- 143
maturation sexuelle va souvent de pair avec un développement intellectuel prématuré; on la retrouve comme telle dans l'histoire de l'enfance des individus les plus éminents et les plus capables; elle ne semble pas, dans ce cas, avoir des effets aussi pathogènes que lorsqu'elle apparaît isolément [c].

FACTEURS TEMPORELS [d] Au même titre que la prématuration d'autres facteurs sollicitent notre attention; on peut les rassembler avec la prématuration sous la dénomination de facteurs *« temporels »*. L'ordre dans lequel les différentes motions pulsionnelles sont activées et le temps

a. *« Verursachung. »*
b. *« Vertretungen. »*
c. On trouvera d'autres considérations sur ce thème dans « Analyse de la phobie d'un garçon de cinq ans » (1909 *b*), p. 194 et s.
d. Paragraphe ajouté en 1915.

pendant lequel elles peuvent se manifester avant de succomber à l'influence d'une motion pulsionnelle naissante ou d'un refoulement typique semble phylogénétiquement établi. Mais, tant dans cette succession temporelle que dans sa durée, des variations semblent se produire, qui doivent nécessairement exercer une influence déterminante sur le résultat final. Il ne peut être indifférent que certain courant apparaisse plus tôt ou plus tard que le courant contraire, car l'effet d'un refoulement n'est pas réversible : une déviation temporelle dans l'assemblage des composantes a régulièrement pour conséquence une modification du résultat. D'autre part, des motions pulsionnelles qui surgissent de façon particulièrement intense prennent souvent fin avec une rapidité surprenante, par exemple la liaison [a] hétérosexuelle des futurs homosexuels manifestes. Les tendances des années d'enfance qui se manifestent de la façon la plus violente ne justifient pas la crainte qu'elles domineront durablement le caractère de l'adulte; on peut tout aussi bien s'attendre à ce qu'elles disparaissent pour laisser place à leur contraire. (*Gestrenge Herren regieren nicht lange* [b].) Nous ne sommes pas en mesure, même sous forme d'ébauche, de dire à quoi on peut attribuer de tels troubles temporels des processus de développement. Ici s'ouvre à nous la perspective d'une série de problèmes biologiques, voire historiques, plus profonds que nous ne sommes pas encore en mesure d'attaquer.

144 ADHÉRENCE [c] L'importance de toutes les manifestations sexuelles précoces est augmentée par un facteur psychique

a. *« Bindung. »*
b. Les despotes ne règnent pas longtemps.
c. *« Haftbarkeit »*, de *« haften »*, s'attacher, adhérer à. La significa-

d'origine inconnue, qu'on ne peut assurément présenter à l'heure actuelle que comme un concept psychologique provisoire. Je fais allusion à la plus grande *adhérence* ou *capacité de fixation* de ces impressions de la vie sexuelle, qui doit être ajoutée à l'état des faits chez les futurs névrosés aussi bien que chez les pervers, dans la mesure où les mêmes manifestations sexuelles prématurées n'ont pas, sur d'autres personnes, un impact assez profond pour conduire de façon compulsive à la répétition et imposer ses voies à la pulsion sexuelle pour la durée de l'existence. L'explication de cette adhérence se trouve peut-être en partie dans un autre facteur psychique, que nous ne pouvons manquer de rencontrer dans la causation des névroses, à savoir le poids énorme que prennent dans la vie psychique les traces mnésiques par rapport aux impressions récentes. Ce facteur dépend manifestement de la formation intellectuelle et s'accroît en même temps que le niveau de culture personnel. A l'opposé, le sauvage a été défini comme *« das unglückselige Kind des Augenblickes* [1] *»*. En raison du rapport antagoniste entre culture et libre développement sexuel, dont les effets peuvent être longuement suivis dans la structuration de notre existence, la façon dont s'est passée la vie sexuelle de l'enfant n'a que bien peu d'importance pour la vie

tion, chez Freud, de ce concept qui marque ici la permanence des impressions infantiles, s'éclaire non seulement de ses rapports – mis en relief ci-dessus – avec celui de « fixation », mais aussi de sa proximité avec un troisième terme, qui apparaît dans les *Conférences d'introduction à la psychanalyse* (1916-1917), p. 327, la « viscosité » *(« Klebrigkeit »)* de la libido, à savoir : « La ténacité avec laquelle la libido adhère à certaines orientations et à certains objets. »

1. [L'enfant malheureux de l'instant.] Il est possible que l'augmentation de l'adhérence soit aussi la conséquence d'une manifestation sexuelle somatique particulièrement intense à une période précoce.

ultérieure lorsque le niveau social et culturel est bas, alors qu'elle en a tant lorsque celui-ci est plus élevé.

FIXATION L'appui des facteurs psychiques que nous venons de mentionner profite dès lors aux activations accidentelles de la sexualité infantile. Ces dernières (séduction par d'autres enfants ou par des adultes) fournissent le matériel qui, avec l'aide des premiers, peut être fixé sous la forme d'un trouble durable. Une bonne part des déviations qu'on peut observer plus tard par rapport à la vie sexuelle normale est déterminée d'emblée, aussi
145 bien chez les névrosés que chez les pervers, par les impressions de la période infantile, soi-disant libre de toute sexualité. La causation se partage entre l'apport de la constitution, la prématuration, la caractéristique d'une adhérence accrue et l'activation fortuite de la pulsion sexuelle par une influence externe.

Mais la conclusion peu satisfaisante qui se dégage de ces recherches sur les troubles de la vie sexuelle est que nous sommes loin d'en savoir, sur les processus biologiques qui constituent l'essence de la sexualité, suffisamment pour former à partir de nos connaissances fragmentaires une théorie qui permette de comprendre aussi bien le normal que le pathologique.

BIBLIOGRAPHIE

Les chiffres entre parenthèses placés après les titres originaux renvoient aux pages du présent livre.

Les noms des périodiques ont été abrégés en conformité avec la *World List of Scientific Periodicals.*

G.W. = *Gesammelte Werke von Sigmund Freud,* S. Fischer Verlag, Francfort-sur-le-Main, 18 volumes.

ABRAHAM, K. (1916), *« Untersuchungen über die früheste prägenitale Entwicklungsstufe », Int. Zeit. für ärztl. Psychoanal.,* tome 4, p. 71. (129)

Trad. : « Examen de l'étape prégénitale la plus précoce du développement de la libido », trad. I. Barande, *Œuvres complètes,* tome I, Paris, Payot, 1966.

(1924), *Versuch einer Entwicklungsgeschichte der Libido,* Leipzig, Vienne, Zurich. (129, 131)

Trad. : « Esquisse d'une histoire du développement de la libido », trad. I. Barande, *Œuvres complètes,* tome I, Paris, Payot, 1966.

ADLER, A. (1907) *Studie über die Minderwertigkeit von Organen* [*Étude sur la déficience d'organes*], Berlin et Vienne. (108)

ANDREAS-SALOMÉ, L. (1916), *« " Anal " und " Sexual " », Imago,* tome 4, p. 249. (113)

Trad. : « " Anal " et " sexuel " », trad. I. Hildenbrand, *L'amour du narcissisme,* Paris, Gallimard, 1980.

ARDUIN (1900), *« Die Frauenfrage und die sexuellen Zwischenstufen »* [« La question féminine et les stades sexuels intermédiaires »], *Jahrbuch für sex. Zwischenstufen,* tome 2. (48)

BALDWIN, J.M. (1895), *Mental Development in the Child and the Race*, New York. (94)
Trad. : *Le développement mental chez l'enfant et dans la race*, trad. M. Nourry, Paris, F. Alcan, 1897.

BAYER, H. (1902), « *Zur Entwicklungsgeschichte der Gebärmutter* » [« Le développement de l'utérus »], *Deutsch. Arch. für klin. Med.* tome 73, p. 422. (98)

BELL, J. (1902), « *A Preliminary Study of the Emotion of Love between the Sexes* », *Am. Jour. Psychol*, tome 13, p. 325. (94, 122)

BINET, A. (1888), *Études de psychologie expérimentale : le fétichisme dans l'amour*, Paris. (64, 88)

BINET, A. et FÉRÉ, C. (1881), *Le magnétisme animal*, Paris. (82)

BLEULER, E. (1908), « *Sexuelle Abnormitäten der Kinder* » [« Les anomalies sexuelles chez les enfants »], *Jahrbuch Schweiz. Ges. für Schulgesund. Pfl.*, tome 9, p. 623. (95, 130)
(1913), « *Der Sexualwiderstand* » [« La résistance sexuelle »], *Jahrbuch psychoanalyt. psychopath. Forsch*, tome 5, p. 442. (116)

BLOCH, I. (1902-1903), *Beiträge zur Aetiologie der Psychopathia sexualis* [*Contributions à l'étiologie de la psychopathie sexuelle*], 2 vol., Dresde. (43)

BREUER, J. voir FREUD, S. (1893*a*) et (1895*d*).

CHEVALIER, J. (1893), *L'inversion sexuelle*, Lyon. (45, 48)

DESSOIR, M. (1894), « *Zur Psychologie der Vita sexualis* », *Allg. Zeit. Psychiatr.*, tome 50, p. 941. (174)

DISKUSSIONEN DER WIENER PSYCHOANALYTISCHEN VEREINIGUNG [DISCUSSIONS DE LA SOCIÉTÉ PSYCHANALYTIQUE DE VIENNE], fasc. 2 (1912), *Die Onanie*, Wiesbaden. (110, 114)

ELLIS, HAVELOCK (1898), « *Auto-Erotism : a Psychological Study* » *Alien. & Neurol.*, tome 19, p. 260. (104)
(1903), *Studies in the Psychology of Sex*, tome III : *Analysis of the Sexual Impulse; Love and Pain; the Sexual Impulse in Women*, Philadelphie (2e éd. Philadelphie, 1913). (72, 95, 118, 166)
Trad. : *Études de psychologie sexuelle*, tome III : *L'impulsion sexuelle*, trad. A. Van Gennep, Paris, Mercure de France, 1911.
(1915), *Studies in the Psychology of Sex*, tome II : *Sexual Inversion*, 3e éd., Philadelphie (1re éd. Londres, 1897). (44, 46, 47)
Trad. : *Études de psychologie sexuelle*, tome II : *L'inversion sexuelle*, trad. A. Van Gennep, Paris, Mercure de France, 1904.
(1927), *Study in the Psychology of Sex*, tome VII : *Eonism and Other Supplementary Studies*, Philadelphie. (160)

Trad. : *Études de psychologie sexuelle,* tome XV : *L'éonisme ou l'inversion esthético-sexuelle,* trad. A. Van Gennep, Paris, Mercure de France, 1933.

FÉRÉ, C. voir BINET, A.

FERENCZI, S. (1909), « *Introjektion und Uebertragung* », *Jahrbuch für psychoanalyt. psychopath. Forsch,* tome 1, p. 422 (58)
Trad. : « Transfert et introjection », trad. J. Dupont, *Œuvres complètes,* tome I, Paris, Payot, 1968.

(1914), « *Zur Nosologie der männlichen Homosexualität (Homoerotik)* », *Int. Zeit. für ärtzl. Psychoanal.,* tome 2, p. 131. (52)
Trad. : « L'homoérotisme : nosologie de l'homosexualité masculine », trad. J. Dupont et M. Viliker, *Œuvres complètes,* tome II, Paris, Payot, 1970.

(1920), Compte rendu de Lipschütz, A., « *Die Pubertätsdrüse und ihre Wirkungen* » [« La glande pubertaire et son influence »], *Int. Zeit. für Psychoanal.,* tome 6, p. 84. (99)

(1924), *Versuch einer Genitaltheorie,* Vienne. (174)
Trad. : « Thalassa, essai sur la théorie de la génitalité », trad. J. Dupont et M. Viliker, *Œuvres complètes,* tome III, Paris, Payot, 1974.

FLIESS, W. (1906), *Der Ablauf des Lebens* [*Le cours de la vie*], Vienne. (49)

FREUD, S. (1890*a*), « *Psychische Behandlung (Seelenbehandlung)* », *G.W.,* tome 5, p. 289. (58)
Trad. :« Traitementpsychique(Traitementd'âme) »,trad.M. Borch-Jacobsen, Ph. Koeppel, F. Scherrer, *Résultats, idées, problèmes* I, Paris, Presses universitaires de France, 1984.

(1893*a*) et BREUER, J., « *Ueber den psychischen Mechanismus hysterischer Phänomene : Vorläufige Mitteilung* », *G.W.,* tome 1, p. 81. (76)
Trad. : « Le mécanisme psychique des phénomènes hystériques : communication préliminaire », repris dans *Études sur l'hystérie,* trad. A. Berman, Paris, Presses universitaires de France, 1978.

(1895*b* [1894]), « *Ueber die Berechtigung, von der Neurasthenie einen bestimmten Symptomenkomplex als " Angstneurose " abzutrennen* », *G.W.,* tome 1, p. 315. (153)
Trad. : « Qu'il est justifié de séparer de la neurasthénie un certain complexe symptomatique sous le nom de " névrose d'angoisse " », trad. J. Laplanche, *Névrose, psychose et perversion,* Paris, Presses universitaires de France, 1973.

(1895*d*) et Breuer, J., *Studien über Hysterie,* Vienne, *G.W.*, tome 1, p. 77 (sans les textes de J. Breuer). (78)
Trad. : Études sur l'hystérie (avec les textes de J. Breuer), trad. A. Berman, Paris, Presses universitaires de France, 1967.

(1896*c*), *« Zur Aetiologie der Hysterie »*, *G.W.*, tome 1, p. 425. (97, 117)
Trad. : « L'étiologie de l'hystérie », trad. J. Bissery et J. Laplanche, *Névrose, psychose et perversion,* Paris, Presses universitaires de France, 1973.

(1898*a*), *« Die Sexualität in der Aetiologie der Neurosen »*, *G.W.*, tome 1, p. 491. (138)
Trad. : « La sexualité dans l'étiologie des névroses », trad. J. Altounian, A. et O. Bourguignon, G. Goran, J. Laplanche, A. Rauzy, *Résultats, idées, problèmes* I, Paris, Presses universitaires de France, 1984.

(1899*a*), *« Ueber Deckerinnerungen »*, *G.W.*, tome 1, p. 531. (96)
Trad. : « Sur les souvenirs-écrans », trad. D. Berger, P. Bruno, D. Guérineau, F. Oppenot, *Névrose, psychose et perversion,* Paris, Presses universitaires de France, 1973.

(1900*a*), *Die Traumdeutung,* Vienne, *G.W.*, tome 2-3. (120, 170, 171)
Trad. : L'Interprétation des rêves, trad. I. Meyerson, révisée par D. Berger, Paris, Presses universitaires de France, 1967.

(1901*b*), *Zur Psychopathologie des Alltagslebens,* Berlin, 1904, *G.W.*, tome 4. (96)
Trad. : Psychopathologie de la vie quotidienne, trad. S. Jankélévitch, Paris, Payot, 1973.

(1905*c*), *Der Witz und seine Beziehung zum Unbewussten,* Vienne, *G.W.*, tome 6. (149)
Trad. : Le mot d'esprit et ses rapports avec l'inconscient, trad. M. Bonaparte et M. Nathan, Paris, Gallimard, 1967.

(1905*e* [1901]), *« Bruchstück einer Hysterie-Analyse »*, *G.W.*, tome 5, p. 163. (66, 80)
Trad. : « Fragment d'une analyse d'hystérie » (Dora), trad. M. Bonaparte et R. Loewenstein, révisée par A. Berman, *Cinq psychanalyses,* Paris, Presses universitaires de France, 1970.

(1906*a*), *« Meine Ansichten über die Rolle der Sexualität in der Aetiologie der Neurosen »*, *G.W.*, tome 5, p. 149. (118, 157)
Trad. : « Mes vues sur le rôle de la sexualité dans l'étiologie des névroses », trad., J. Altounian, A. et O. Bourguignon, G. Goran,

J. Laplanche, A. Rauzy, *Résultats, idées, problèmes* I, Paris, Presses universitaires de France, 1984.

(1907*c*), « *Zur sexuellen Aufklärung der Kinder* », *G.W.*, tome 7, p. 19. (124)

Trad. : « Les explications sexuelles données aux enfants », trad. D. Berger, *La vie sexuelle*, Paris, Presses universitaires de France, 1969.

(1908*b*), « *Charakter und Analerotik* », *G.W.*, tome 7, p. 203. (111, 190)

Trad. : « Caractère et érotisme anal », trad. D. Berger, P. Bruno, D. Guérineau. F. Oppenot, *Névrose, psychose et perversion*, Paris, Presses universitaires de France, 1973.

(1908*c*), « *Ueber infantile Sexualtheorien* », *G.W.*, tome 7, p. 171. (118, 123, 124)

Trad. : « Les théories sexuelles infantiles », trad. J. Laplanche, *La vie sexuelle*, Paris, Presses universitaires de France, 1969.

(1908*e* [1907]), « *Der Dichter und das Phantasieren* », *G.W.*, tome 7, p. 213. (149)

Trad. : « Le créateur littéraire et la fantaisie », trad. B. Féron, *L'inquiétante étrangeté et autres essais*, Paris, Gallimard, 1985.

(1909*b*), « *Analyse der Phobie eines fünfjährigen Knaben* », *G.W.*, tome 7, p. 243. (122, 193)

Trad. : « Analyse de la phobie d'un garçon de cinq ans » (le petit Hans), trad. M. Bonaparte, *Cinq psychanalyses*, Paris, Presses universitaires de France, 1970.

(1909*c*), « *Der Familienroman der Neurotiker* », *G.W.*, tome 7, p. 227. (170)

Trad. : « Le roman familial des névrosés », trad. J. Laplanche, *Névrose, psychose et perversion*, Paris, Presses universitaires de France, 1973.

(1909*d*), « *Bemerkungen über einen Fall von Zwangsneurose* », *G.W.*, tome 7, p. 381. (65, 170)

Trad. : « Remarques sur un cas de névrose obsessionnelle » (l'Homme aux rats), trad. M. Bonaparte et R. Loewenstein, *Cinq psychanalyses*, Paris, Presses universitaires de France, 1970.

(1910*h*), « *Ueber einen besonderen Typus der Objektwahl beim Manne*, *G.W.*, tome 8, p. 66. (173, 174)

Trad. : « Un type particulier de choix d'objet chez l'homme », trad. J. Laplanche, *La vie sexuelle*, Paris, Presses universitaires de France, 1969.

(1912*d*), *« Ueber die allgemeinste Erniedrigung des Liebeslebens »* (« *Beiträge zur Psychologie des Liebeslebens,* II »), *G.W.*, tome 8, p. 78. (132)
Trad. : « Sur le plus général des rabaissements de la vie amoureuse » (« Contributions à la psychologie de la vie amoureuse »), trad. J. Laplanche, *La vie sexuelle,* Paris, Presses universitaires de France, 1969.
(1912*f*), *« Zur Onanie-Diskusion »*, *G.W.*, tome 8, p. 332. (114)
Trad. : « Pour introduire la discussion sur l'onanisme », trad. J. Altounian, A. Bourguignon, P. Cotet, A. Rauzy, *Résultats, idées, problèmes,* I, Paris, Presses universitaires de France, 1984.
(1912-1913), *Totem und Tabu,* Vienne, *G.W.*, tome 9. (169)
Trad. : *Totem et tabou,* trad. S. Jankélévitch, Paris, Payot, 1973.
(1914*c*), *« Zur Einführung des Narzissmus »*, *G.W.*, tome 10, p. 138. (105, 157, 160, 165)
Trad. : « Pour introduire le narcissisme », trad. J. Laplanche, *La vie sexuelle,* Paris, Presses universitaires de France, 1969.
(1916-1917 [1915-1917]), *Vorlesungen zur Einführung in die Psychoanalyse,* Vienne, *G.W.*, tome 11. (157, 168, 170, 192, 195)
Trad. : *Introduction à la psychanalyse* [1], trad. S. Jankélévitch, Paris, Payot, 1973.
(1917*c*), *« Ueber Triebumsetzungen, insbesondere der Analerotik »*, *G.W.*, tome 10, p. 402. (111, 112)
Trad. : « Sur les transpositions des pulsions, plus particulièrement dans l'érotisme anal », trad. D. Berger, *La vie sexuelle,* Paris, Presses universitaires de France, 1969.
(1920*q*), *Jenseits des Lustprinzips,* Vienne, *G.W.*, tome 13, p. 3. (84, 135)
Trad. : « Au-delà du principe de plaisir », trad. J. Laplanche et J.-B. Pontalis, *Essais de psychanalyse,* Paris, Payot, 1981.
(1912*c*), *Massenpsychologie und Ich-Analyse, G.W.*, tome 13, p. 73. (58, 128)
Trad. : « Psychologie des foules et analyse du moi », trad. P. Cotet, A. et O. Bourguignon, J. Altounian, A. Rauzy, *Essais de psychanalyse,* Paris, Payot, 1981.
(1923*b*), *Das Ich und das Es, G.W.*, tome 13, p. 237. (71, 84)
Trad. : « Le moi et le ça », trad. J. Laplanche, *Essais de psychanalyse,* Paris, Payot, 1981.

1. Dans le texte, le livre a été nommé *Conférences d'introduction à la psychanalyse.*

(1923*e*), *« Die infantile Genitalorganisation », G.W.*, tome 13, p. 293. (131)
Trad. : « L'organisation génitale infantile » , trad. J. Laplanche, *La vie sexuelle*, Paris, Presses universitaires de France, 1969.

(1924*c*), *« Das ökonomische Problem des Masochismus », G.W.*, tome 13, p. 293. (70, 147)
Trad. : « Le problème économique du masochisme », trad. J. Laplanche, *Névrose, psychose et perversion*, Paris, Presses universitaires de France, 1973.

(1925*j*), *« Einige psychische Folgen des anatomischen Geschlechtsunterschieds », G.W.*, tome 14, p. 19. (124)
Trad. : « Quelques conséquences psychiques de la différence anatomique entre les sexes », trad. D. Berger, *La vie sexuelle*, Paris, Presses universitaires de France, 1969.

(1926*d*), *Hemmung, Symptom und Angst, G.W.*, tome 14, p. 113. (168, 171)
Trad. : *Inhibition, symptôme et angoisse*, trad. M. Tort, Paris, Presses universitaires de France, 1968.

(1927*e*), *« Fetischismus », G.W.*, tome 14, p. 311. (65)
Trad. : « Le fétichisme », trad. D. Berger, *La vie sexuelle*, Paris, Presses universitaires de France, 1969.

(1930*a*), *Das Unbehagen in der Kultur, G.W.*, tome 14, p. 421. (65, 162)
Trad. : *Malaise dans la civilisation*, trad. C. Odier, Paris, Presses universitaires de France, 1971.

(1933*a*), *Neue Folge der Vorlesungen zur Einführung in die Psychoanalyse, G.W.*, tome 15. (168)
Trad. : *Nouvelles conférences d'introduction à la psychanalyse*, trad. R.-M. Zeitlin, Paris, Gallimard, 1984.

(1950*a* [1887-1902]), *Aus den Anfängen der Psychoanalyse, Biefe an W. Fliess*, Imago Publishing, comprend *« Entwurf einer Psychologie »*, 1895. (75, 80, 82, 157, 169, 187)
Trad. : *La naissance de la psychanalyse, Lettres à W. Fliess*, trad. A. Berman, Paris, Presses universitaires de France, 1956. (Comprend « Esquisse d'une psychologie scientifique », 1895.)

Galant, S. (1919), *« Sexualleben im Säuglings-und Kindesalter »* [« La vie sexuelle du nourrisson et de l'enfant »], *Neurol. Zentralblatt*, tome 38, p. 652; repris dans *Int. Zeit. für Psychoanal.*, tome 6 (1920), p. 164. (104)

GLEY, E. (1884), « Les aberrations de l'instinct sexuel », *Rev. phil.*, tome 17, p. 66. (48)

GROOS, K. (1899), *Die Spiele der Menschen* [*Les jeux des hommes*], Iéna. (94)

(1904), *Das Seeelenleben des Kindes* [*La vie psychique de l'enfant*], Berlin. (94)

HALBAN, J. (1903), *« Die Entstehung der Geschlechtscharaktere »* [« La genèse des caractères sexuels »], *Arch. Gynaek.*, tome 70, p. 205. (47)

(1904), *« Schwangerschaftsreaktionen der fötalen Organe und ihre puerperale Involution »* [« Les réactions de grossesse des organes fœtaux et leur involution puerpérale »], *Z. Geburtsh. Gynäk.*, tome 53, p. 191. (99)

HALL, G., STANLEY (1904), *Adolescence : its Psychology and its Relations to Physiology, Anthropology, Sociology, Sex, Crime, Religion and Education* (2 vol.), New York. (95)

HELLER, T. (1904), *Grundriss der Heilpädagogik* [*Précis de pédagogie thérapeutique*], Leipzig. (94)

HERMAN, G. (1903), *« Genesis », das Gesetz der Zeugung* [*« Genesis », la loi de la procréation*], tome 5, *Libido und Mania*, Leipzig. (49)

HIRSCHFELD, M. (1899), *« Die objektive Diagnose der Homosexualität* [« Le diagnostic objectif de l'homosexualité »], *Jahrbuch für sex. Zwischenstufen*, tome 6. (48, 52)

(1904) *« Statistische Untersuchung über den Prozentsatz der Homosexuellen »* [« Examen statistique du pourcentage des homosexuels »], *Jahrb. für sex. Zwischenstufen*, tome 1, p. 8. (39)

HUG-HELLMUTH, H. von (1913), *Aus dem Seelenleben des Kindes* [*La vie psychique de l'enfant*], Leipzig et Vienne. (95)

KIERNAN, J.G. (1888), *« Sexual Perversion and the Whitechapel Murders », Med. Standard Chicago*, tome 4, p. 170. (45)

KRAFFT-EBING, R. von (1895), *« Zur Erklärung der conträren Sexualempfindung »* [« Explication des sensations sexuelles opposées »], *Jahr. Psychiatr. Neurol.*, tome 13, p. 1. (48)

LAPLANCHE, J. et PONTALIS, J.-B. (1967), *Vocabulaire de la psychanalyse*, Paris, Presses universitaires de France. (108)

LINDNER, S. (1879), *« Das Saugen an den Fingern, Lippen etc. bei den Kindern (Ludeln) »* [« Le sucement des doigts, des lèvres, etc. chez les enfants *(Ludeln)* »], tome 14, p. 68. (102)

LIPSCHÜTZ, A. (1919), *Die Pubertätsdruse und ihre Wirkung* [*La glande pubertaire et son influence*], Berne. (53, 99)

LYDSTON, G.F. (1889), « *A Lecture on Sexual Perversion, Satyriasis and Nymphomania* », *Med. Surg. Reporter*, Philadelphie, tome 61. (45)

MOEBIUS, P.J. (1900), *Ueber Entartung, Grenzfragen des Nerven- und Seelenlebens* [*Sur la dégénérescence* (série :) *À la frontière de la vie nerveuse et de la vie psychique*], fasc. 3, Wiesbaden. (42)

MOLL, A. (1898), *Untersuchungen über die Libido sexualis* [*Recherches sur la libido sexuelle*], tome 1, Berlin. (38, 103)

(1909), *Das Seelenleben des Kindes* [*La vie psychique de l'enfant*], Berlin. (95)

NACHMANSOHN, M. (1915), « *Freuds Libidotheorie verglichen mit der Eroslehre Platos* » [« Comparaison entre la théorie freudienne de la libido et la doctrine de l'Eros platonicien »], *Int. Zeit. ärtzl. Psychoanal.*, tome 3, p. 65. (33)

PÉREZ, B. (1886), *L'enfant de trois à sept ans*, Paris. (94)

PONTALIS, J.-B., voir LAPLANCHE, J.

PREYER, W. (1882), *Die Seele des Kindes*, Leipzig. (94)

Trad. : *L'âme de l'enfant*, trad. H. de Varigny, Paris, F. Alcan, 1904.

RANK, O. (1909), *Der Mythus von der Geburt des Helden*, Leipzig et Vienne. (170)

Trad. : *Le mythe de la naissance du héros*, suivi de *La légende de Lohengrin*, éd. critique avec une introduction et des notes par Elliott Klein, Paris, Payot, 1983.

(1924), *Das Trauma der Geburt*, Vienne. (171)

Trad. : *Le traumatisme de la naissance*, trad. S. Jankélévitch, Paris, Payot, 1968.

RIEGER, C. (1900), *Die Castration*, Iéna. (154)

ROHLEDER, H. (1899), *Die Masturbation*, Berlin. (110)

SCHRENK-NOTZING, A. von (1899), « *Literaturzusammenstellung über die Psychologie und die Psychopathologie der Vita sexualis* » [« Bibliographie de la psychologie et de la psychopathologie de la vie sexuelle »], *Zeit. Hypnot.*, tome 9, p. 98. (68)

STRÜMPELL, L. (1899), *Die Pädagogische Pathologie*, Leipzig. (94)

SULLY, J. (1895), *Studies of Childhood*, Londres. (94)

Trad. : *Études sur l'enfance*, trad. A. Monod, Paris, F. Alcan, 1898.

TARUFFI, C. (1903), *Hermaphroditismus und Zeugungsunfähigkeit* [*Her-*

maphrodisme et incapacité de procréer], Berlin. (Traduit de l'italien.) (46)

WEININGER, O. (1903), *Geschlecht und Charakter,* Vienne. (49)
Trad. : *Sexe et caractère,* trad. D. Renaud, Lausanne, L'âge d'homme, 1975.

INDEX

TROIS ESSAIS SUR LA THÉORIE SEXUELLE

ŒUVRES DE SIGMUND FREUD

Traductions nouvelles

NOUVELLES CONFÉRENCES D'INTRODUCTION À LA PSYCHANALYSE.

SIGMUND FREUD PRÉSENTÉ PAR LUI-MÊME.

LA QUESTION DE L'ANALYSE PROFANE.
Préface de J.-B. Pontalis. En appendice : La Question en débat, par Michel Schneider.

L'INQUIÉTANTE ÉTRANGETÉ et autres essais.

L'HOMME MOÏSE ET LA RELIGION MONOTHÉISTE.
Préface de Marie Moscovici.

VUE D'ENSEMBLE DES NÉVROSES DE TRANSFERT.
Un essai métapsychologique. *Édition bilingue d'un manuscrit retrouvé. Commentaires d'Ilse Grubrich-Simitis et de Patrick Lacoste.*

LE DÉLIRE ET LES RÊVES DANS LA « GRADIVA » DE W. JENSEN.
Préface de J.-B. Pontalis.

TROIS ESSAIS SUR LA THÉORIE SEXUELLE.
Préface de Michel Gribinski.

UN SOUVENIR D'ENFANCE DE LÉONARD DE VINCI
Préface de J.-B. Pontalis.

SUR LE RÊVE.
Préface de Didier Anzieu.

LE MOT D'ESPRIT ET SA RELATION À L'INCONSCIENT.
Préface de Jean-Claude Lavie.

SUR LA PSYCHANALYSE.
Préface de J.-B. Pontalis.

Composé et achevé d'imprimer
par l'Imprimerie Floch
à Mayenne, le 2 septembre 1991.
Dépôt légal : septembre 1991.
1er dépôt légal : mars 1987.
Numéro d'imprimeur : 31191.

ISBN 2-07-070854-3 / Imprimé en France.

motion : Act de mouvoir (impulsion
mouvement.
(en psychanalyse). Motion pulsionnelle
la pulsion en tant que modificat
psychique (pulsion en acte)

53325